LES BONS PLANS de Charlie Jackson

20/20 les doigts dans le nez!

BIBLIOTHÈQUE

TOMMY GREENWALD

LES BONS PLANS de Charlie Jackson

POUR RÉUSSIR SANS RIEN FAIRE

Traduit de l'américain par Virginie Cantin

MILAN

Pour Cathy, qui a gentiment accepté de lire plusieurs versions de ce texte et m'a aidé à l'améliorer.

Et pour Charlie, Joe et Jack, qui ne l'ont pas fait.

Titre original : *Charlie Joe Jackson's Guide to Not Reading*

Cet ouvrage a été réalisé par les Éditions Milan
avec la collaboration de Claire Debout.
Mise en pages : Graphicat

300, rue Léon-Joulin, 31101 Toulouse Cedex 9, France
Loi 49-956 du 16 juillet 1949 sur les publications destinées à la jeunesse
ISBN : 978-2-7459-5984-3
www.editionsmilan.com

PREMIÈRE PARTIE
COMMENT NE PAS LIRE

1

Je m'appelle Charlie Jackson et je déteste lire. Et si tu lis ce livre, c'est que toi non plus, tu n'aimes pas lire.

Tu fais même tout ce que tu peux pour éviter de lire, et c'est presque choquant de t'imaginer avec un livre dans les mains, en ce moment.

Je sais parfaitement ce que tu ressens ; je suis comme toi.

Mais n'oublie pas : tu n'es pas seul. Et nous allons traverser cette épreuve ensemble.

2

Ce livre est destiné aux gens comme toi et moi.

Il a deux objectifs.

Premièrement, te montrer comment éviter de lire.

Deuxièmement – pour les cas malheureux où ce serait impossible –, te servir de guide – un guide convivial et facile à consulter.

Tu lis probablement ce livre contre ta volonté, et je compatis. C'est pourquoi je te fais cette promesse solennelle : les chapitres seront courts. Les pages plus courtes encore. Et les mots aussi, autant que possible. Une syllabe, tout au plus.

***

Tout au long de cet ouvrage, tu trouveras également des conseils de lecture – ou plutôt de NON-lecture – spécifiques.

Tu apprendras comment échapper à la lecture – c'est la stratégie que je recommande –, ou – si vraiment tu te retrouves obligé de lire – comment limiter les dégâts. À certains moments de ton existence, ne pas lire peut se révéler étonnamment compliqué – surtout au collège.

Tu en sauras plus «au fil du récit». (Jake Katz, un de mes amis dévoreurs de livres, a utilisé un jour cette expression en parlant d'un devoir qu'il était en train de rédiger. À ce moment précis, je me suis senti moins proche de lui.)

BON PLAN DE CHARLIE N° 1

SI TU DOIS LIRE UN LIVRE, ASSURE-TOI QUE LES CHAPITRES SONT COURTS.

Ce premier conseil est relativement évident. Réfléchis. Si ta mère ou ton père te demande de lire trois chapitres avant de t'endormir, que préfères-tu ? Qu'ils fassent une page ou dix pages chacun ?
Mieux vaut lire trois pages plutôt que trente, non ? En suivant mon conseil, tu liras vingt-sept pages de moins, mais tu pourras toujours dire : « Eh, vous savez quoi ? J'ai lu mes trois chapitres ! »
Crois-moi, ils n'y verront que du feu.

3

Aussi loin que je me souvienne, j'ai toujours détesté lire.
Quand j'étais petit, j'aimais bien que ma mère me raconte des histoires. Comme ça, je n'étais pas obligé de dormir, et parfois même c'est elle qui s'endormait dans mon lit. Je dois reconnaître qu'à l'époque, ça me plaisait.

Mais quand j'ai été un peu plus grand, elle a commencé à dire : « OK ? Maintenant, tu finis le chapitre tout seul ! »
Or il n'en était absolument pas question.
Alors je me mettais à pleurer, et elle continuait à lire.
(Au fait, c'est comme ça que j'ai appris à faire semblant de pleurer. C'est très utile. J'ai remarqué que les filles aimaient bien les garçons un peu pleurnichards – comme dans les films, par exemple, quand le héros se sacrifie pour celle qu'il aime, parce que ça veut dire qu'il est très sensible. Personnellement, j'aime mieux les films d'action où les héros font exploser des trucs, ou les comédies, où des mecs un peu enrobés tombent amoureux de maîtres-nageuses super canon. C'est plus mon kif.)
En tout cas, le coup de pleurer-devant-Maman-pour-pas-lire-tout-seul, ça marchait super bien quand j'avais 10 ans.

4

Maintenant je suis au collège et je suis fier de dire que je déteste encore lire.

C'est comme ça que toute cette histoire a commencé.

Il fallait que je lise un livre intitulé *Le Pacte de Billy* pour le cours d'anglais. C'est l'histoire d'un enfant qui conclut un pacte avec le diable pour être le héros d'un match de championnat. Mais, en fait, on découvre que le diable est en fait un type engagé par le père de Billy, parce que ce dernier croit que si son fils pense qu'il a conclu un pacte avec le diable, alors il aura suffisamment confiance en lui pour gagner.

Ce n'est pas aussi compliqué que ça en a l'air. Apparemment, c'est un bon livre, si l'on en croit ma prof, Mme Ferrell. Et j'imagine qu'il s'agit de faire passer un message du genre « Crois-en-toi-et-les-autres-y-croiront-aussi » comme les adultes adorent en rabâcher aux enfants.

Bon, comme je te l'ai dit, c'est là que mes ennuis ont commencé.

***

J'ai fait ce que je fais toujours : j'ai lu la quatrième de couverture, le premier et le dernier chapitre.

Ensuite, à l'heure du déjeuner, je me suis assis à côté de mon copain Timmy McGibney. Depuis deux ans, Timmy et moi avons conclu ce qu'on peut appeler un «arrangement». Je lui achète une glace, et en échange, il me raconte le livre en entier. Bref, c'est «gagnant-gagnant», pour reprendre le genre d'expressions étranges que mes parents utilisent tout le temps.

Avec ce livre, j'étais persuadé qu'on allait faire comme d'habitude.

Alors je lui ai tendu sa glace en disant : «Eh, Timmy, c'est un super-bouquin, *Le Pacte de Billy* !»

«Qu'est-ce que t'en sais ?» a-t-il demandé, comme d'habitude – c'est une espèce de routine, entre nous.

«Eh bien, le début et la fin sont pas mal.»

«C'est vrai», a répondu Timmy en agitant sa crosse – le hockey sur gazon étant la seule chose au monde qu'il aime plus que les glaces.

«Les sélections vont commencer ?»

«Ouais.»

J'attendais qu'il ajoute quelque chose, mais il est resté silencieux, ce qui est très étrange, car il peut parler de sport pendant des heures.

Timmy a avalé sa glace et a regardé la mienne. «J'ai super faim aujourd'hui, a-t-il dit. Vraiment super faim.»

Soudain, j'ai ressenti comme un malaise.

« Qu'est-ce que ça veut dire, ça, *vraiment super faim* ? »

« Ça veut dire que j'ai tellement faim que je pourrais manger deux glaces, peut-être même trois », a répondu Timmy.

Je l'ai regardé, incrédule. Ça faisait presque un an que notre arrangement fonctionnait. Je lui avais payé assez de glaces pour construire un iceberg, et tout à coup, il voulait tout laisser tomber !

J'ai regardé autour de moi, puis j'ai fouillé dans mes poches ; j'avais un peu d'argent. Alors j'ai réfléchi, et j'ai fait la seule chose à faire : je lui ai acheté une autre glace.

***

Après la pause déjeuner, je suis allé à la bibliothèque pour vérifier le mot « chantage » et m'assurer que j'avais bien compris ce qu'il se passait.

Mme Reedy, la bibliothécaire, est une vieille amie, même si elle symbolise tout ce que je déteste. Avant, elle travaillait dans mon ancienne école et elle a tout essayé pour me faire lire. Une fois, au CP, elle m'a fait asseoir pour écouter *Prends un livre et va-t'en*, une chanson vantant les joies de la lecture. Je me souviens encore des paroles : «Tu es dans ton lit, il fait déjà gris. Tu n'es pas seul, mon chéri, ton livre est ton ami.»

Je ne l'ai jamais oubliée.

Alors, bien sûr, elle a eu l'air très surprise de me voir entrer dans la bibliothèque.

«Eh bien, Charlie, a-t-elle lancé, tu t'es trompé de porte ?»

J'ai ri. (C'est toujours bien de rire des blagues des adultes, qu'elles soient drôles ou pas.)

«Je viens juste vérifier quelque chose», ai-je répondu, essayant d'abréger la conversation pour quitter au plus vite cet endroit.

Mme Reedy m'a lancé avec un clin d'œil : «Ne t'inquiète pas, Charlie, ça restera entre nous.»

5

En regardant le chapitre précédent, je me suis aperçu qu'il était beaucoup trop long. Je n'ai pas tenu compte de mon bon plan n° 1 !
Désolé. Ça ne se reproduira pas.

BON PLAN DE CHARLIE N° 2

NE LIS JAMAIS UN LIVRE ÉCRIT PAR QUELQU'UN DONT TU NE SAIS PAS PRONONCER LE NOM.

Soyons clairs : tu ne lirais pas ce livre s'il était intitulé *Les Bons Plans de Charlie Jackson*, par Venedkyt Styokierwski.
Et, pour ma part, je ne l'écrirais pas non plus.
Ce que je veux dire, c'est que si tu dois vraiment te mettre à lire, il est très important que la couverture t'inspire confiance. Et ça commence par le nom de l'auteur. Il doit être engageant pour le lecteur.
Comme Charlie Jackson, par exemple.

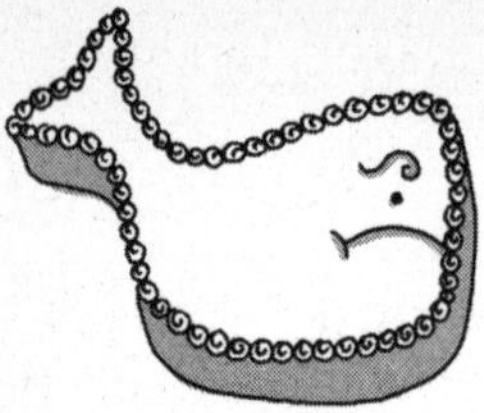

6

Ce jour-là, en rentrant du collège, je pensais encore au sale coup que m'avait fait Timmy. Deux glaces ! Et la prochaine fois, ce sera quoi ? Un paquet entier de cookies ?

J'ai jeté mon sac à dos ridiculement lourd – au fait, il devrait exister une loi contre les sacs à dos ridiculement lourds – et je me suis préparé un bol de céréales.

Puis j'ai réfléchi à ce que j'allais faire ensuite :

1. Mes devoirs, ce qui suppose de lire, ou
2. jouer avec les chiens.

C'était vite vu.

Nous avons deux chiens : Moose et Coco. Ce sont tous les deux des labradors croisés que nous avons sauvés de la fourrière.

Ils ont une vie de rêve : manger, dormir, jouer, sans jamais lire une seule ligne d'aucun ouvrage.

Tu ne seras certainement pas surpris si je te dis que, parfois, je les envie, tous les deux.

Après leur avoir lancé la balle de tennis 4 386 fois, j'ai réussi à oublier Timmy McGibney et ses glaces.

BON PLAN DE CHARLIE N° 3

IL Y A TOUJOURS UN MOYEN DE FAIRE AUTRE CHOSE QUE LIRE.

Voici une liste (à compléter) :

1. Dormir.
2. Ranger ta chambre.
3. Faire semblant de ranger ta chambre.
4. Aller jouer dehors. Les parents adorent quand les enfants vont jouer dehors.
5. Travailler ton instrument. Même si tu ne joues d'aucun instrument. Les parents adorent quand les enfants travaillent leur instrument sans qu'ils aient à les harceler.
6. Manger (perso, c'est ce que je préfère).
7. Donner ton livre à ton chien.
8. Nettoyer le vomi du chien.
9. Fuguer (dans les cas extrêmes uniquement).
10. Se faire passer pour fou.

7

« **Alors, tu m'en parles**, de ce livre ? »
C'était le lendemain, et je suivais Timmy et sa crosse à travers la cafétéria. Il ne voulait toujours pas me dire ce qui se passait dans *Le Pacte de Billy* et je commençais à paniquer. Je lui avais acheté deux glaces, une part de pizza et trois cacaos, mais il ne lâchait rien.
Tout à coup, j'ai compris que ce n'était pas la bouffe gratuite qui l'intéressait. Il voulait autre chose, et il fallait que je trouve quoi.
Mon avenir de non-lecteur en dépendait.
La première chose à faire était d'aller voir Katie Friedman, qui a été ma meilleure copine de la maternelle jusqu'au CM1 – époque à laquelle j'ai soudain compris qu'une fille et un garçon ne pouvaient pas être meilleurs copains.
Pourtant, même si nous n'étions plus meilleurs copains en théorie, je lui racontais toujours tout, et en temps de crise elle m'aidait à résoudre mes problèmes. Je trouve que pour réfléchir et analyser les sentiments, les filles ont un truc que les garçons n'ont pas. Elles se soucient plus des autres, ou peut-être juste qu'elles ont moins peur de l'avouer.

Katie Friedman se soucie beaucoup des autres, plus que n'importe qui. Elle comprend ce qu'on lui dit, sans doute mieux, même, que celui qui le lui dit.
En fait, elle sait « lire entre les lignes », une expression à prendre comme un compliment, même si elle comporte le mot « lire ».
Je ne dis pas que je suis amoureux d'elle. Pas du tout. On est juste meilleurs copains – enfin, on le serait si ça se faisait.
Je l'ai trouvée dans son coin habituel, près des distributeurs à boissons de la cafétéria, en train d'envoyer des textos à ses copines assises à côté d'elle. (On n'a pas le droit de s'envoyer des textos au collège, mais, pendant les récrés et la pause déjeuner, tout le monde le fait.)
Tranquillement, je lui ai fait signe. Alors elle a rangé son téléphone et m'a suivi jusqu'au coin du couloir.
« Qu'est-ce qui se passe ? »
Katie est la seule à connaître l'arrangement que j'ai conclu avec Timmy (elle-même est une lectrice assidue

et elle me répète sans arrêt que je suis un gros loser parce que je n'aime pas les livres, mais elle reconnaît que je ne manque pas d'imagination). En quelques mots, je lui ai tout raconté.

Elle m'a regardé. Puis elle a éclaté de rire.

J'y croyais pas. « Quoi ? Qu'est-ce qu'il y a ? »

Elle a secoué la tête. « T'es vraiment nul. Pourquoi ils sont si nuls, les garçons ? Pourquoi ils ne comprennent jamais rien de ce qui se passe dans le monde ? C'est déjà très grave que tu refuses de lire, Charlie. Ça te tuerait d'aller voir un film correct au ciné de temps en temps, au lieu de regarder des séries débiles, où des mecs un peu enrobés tombent amoureux de maîtres-nageuses super canon ne parlant que français ? (Elle me connaît plutôt bien.) Tu y apprendrais sans doute beaucoup sur la psychologie. » (Katie a récemment décidé qu'elle serait thérapeute, plus tard, comme ses parents.)

J'aurais vraiment voulu lui faire une réponse intelligente et psychologiquement crédible, mais tout ce que j'ai trouvé à dire, c'est : « C'est marrant, les types un peu enrobés qui tombent amoureux de maîtres-nageuses super canon ne parlant que français. »

Katie a souri. Un des trucs que j'aime bien, chez elle, c'est qu'à chaque fois qu'elle me fait des reproches, elle se sent vraiment coupable juste après. Et cette fois-ci, elle s'est sentie suffisamment coupable pour me lâcher l'info que j'attendais.

« Le problème, c'est pas Timmy. C'est Eliza. »

BON PLAN DE CHARLIE N° 4

SI TU VEUX PLAIRE AUX FILLES, NE LIS PAS.

Les filles pensent que c'est cool de ne pas lire beaucoup et d'avoir quand même de bonnes notes. Ça fait genre « je suis intelligent mais je me prends pas la tête ».
Tout le contraire de ceux qui bossent vraiment beaucoup et ont de bonnes notes, ou de ceux qui ne fichent rien et ont des mauvaises notes. Les filles n'aiment ni l'un ni l'autre.
Donc, si tu veux plaire aux filles, il est important de lire le moins possible et de continuer à avoir des résultats corrects.

Voici comment :

1. En cours, participe. Pose plein de questions. Fais semblant d'être très enthousiaste.
2. Rends tous tes devoirs à l'heure.
3. Assure-toi qu'un de tes copains doit lire le même livre que toi – et qu'il le lit vraiment.
4. Apporte des photos de tes chiens en cours et montre-les à tes profs. Assure-toi que les chiens font des trucs marrants sur les photos – comme ce qu'on voit sur YouTube.
5. Ne t'embrouille avec personne à la pause de midi.

6. Ne t'embrouille avec personne pendant la récré.
7. Si le livre que tu es censé lire a été adapté au cinéma, loue le DVD.
8. Si le livre que tu es censé lire existe en version audio, écoute-le. (Ça compte comme de la lecture, mais ça n'en est pas!)
9. Assure-toi d'avoir de bonnes notes dans les matières où on ne lit pas – en sport, par exemple.
10. En sciences, arrange-toi pour faire équipe avec un très bon élève.
11. Lis le premier et le dernier chapitre de tous les livres à étudier.
12. Devoirs supplémentaires : fais-les toujours, du moment qu'il ne faut pas lire.

8

« **Eliza** », c'est Eliza Collins.
Pour faire simple, je dirai que c'est le genre de fille qui n'a pas vraiment besoin d'un nom de famille. Comme Beyoncé.
Parce qu'Eliza a été élue « fille la plus canon de la classe ». Elle a décroché le titre en CM1 et le détient depuis. Tu vois le genre : look de top model, très populaire et, partout où elle va, il y a comme un tourbillon d'énergie, de rires, de cheveux qui volent… Rien qu'en passant devant elle, on est happé comme dans l'œil d'un cyclone. (J'ai écrit une chanson pour elle il y a un an ou deux, la première fois que je l'ai vue en action : « *Attention au cyclone Eliza, il arrive, il est là, attention au cyclone Eliza, il vous emportera…* » J'étais assez content de mon texte, mais malheureusement je ne peux pas te la faire écouter car ceci est un livre – encore un problème, avec les livres…)
On raconte qu'on lui aurait proposé un job de mannequin en Espagne, l'année prochaine (pas juste « un job de mannequin », mais « un job de mannequin en Espagne », comme si « un job de mannequin » ne suffisait pas). Elle

se balade au collège comme chez elle, ce qui est la vérité, d'une certaine manière. Elle a aussi tendance à vouloir les choses qu'elle ne peut pas avoir – un bébé singe, un permis de conduire… moi.

Oui, tu as bien entendu.

MOI !

C'est là que ça se complique. Même si elle est super canon (et c'est le cas, tu verrais ses longs cheveux blonds…) et même si elle me trouve totalement ADORABLE (ce n'est pas moi qui le dis, mais elle), je ne suis PAS AMOUREUX D'ELLE, contrairement au reste du monde occidental.

Je ne sais pas pourquoi, mais c'est comme ça.

C'est un peu comme quand on sait qu'on peut avoir quelque chose sans effort et que, du coup, ça ne nous intéresse pas forcément, tu vois ? Ou comme quand on ne peut manger qu'une portion de glace, au dessert. On a envie de beaucoup plus, mais quand on est autorisé à manger tout le pot, on se sent écœuré, tout à coup. Eh bien, c'est comme ça, avec Eliza.

Eliza, c'est le pot tout entier. Tout le temps.

***

Quand j'ai entendu Katie parler d'Eliza, j'ai commencé à me poser des questions. J'ignorais si ça avait un quelconque rapport avec Timmy. D'après mes infos, il n'avait pas encore découvert les filles… ou plus exactement, ce sont les filles qui ne l'avaient pas encore découvert.

J'ai regardé Katie : «Je ne comprends pas. Timmy n'aime pas Eliza.»
Katie s'est mise à rire : «Pour un mec intelligent, tu comprends pas très vite, parfois.»
Était-ce un compliment ou une insulte ?
«Ce n'est pas pour Elisa que Timmy s'inquiète, mais pour son père.»
J'ai réfléchi un instant, avant de lâcher un brillant : «M. Collins ?»
«Ouais, a confirmé Katie. C'est son entraîneur de hockey, tu sais ?»
Katie pratiquait ce sport, elle aussi, et elle jouait bien (je pourrais ajouter «pour une fille», mais je préfère m'abstenir).
J'ai haussé les épaules. «Oui, je crois. Pourquoi ?»
Elle s'est penchée vers moi comme pour dire «Attends, t'as encore rien entendu».
«Apparemment, Timmy pense qu'Eliza a demandé à son père de te recruter dans son équipe à sa place parce qu'elle t'adore. Il est dégoûté.»
Je n'arrivais pas à le croire. C'était difficile d'intégrer l'équipe de hockey, mais ça faisait des semaines que Timmy s'entraînait. Tandis que moi, je n'avais jamais tenu une crosse, ou presque. J'allais aux tournois uniquement pour retrouver mes potes.
«C'est ridicule», j'ai dit.
«Et pourtant c'est la vérité», a répondu Katie.
«Je vais en parler à Eliza.»

« NON ! C’est la pire chose à faire. Timmy veut que personne ne sache à quel point il stresse. Garde ça pour toi, d’accord ? »
Mais je n’étais toujours pas convaincu. « Qui t’a raconté ça ? », j’ai demandé.
« T’inquiète. Oublie ce que je viens de te dire. »
À ce moment-là, les copines de Katie l’ont appelée et elle leur a envoyé un texto tout en tournant les talons pour les rejoindre. Puis elle m’a lancé un dernier regard espiègle.
« Tu sais quoi ? J’ai une idée pour résoudre ton problème ! »
« Ah oui, laquelle ? » j’ai demandé, plein d’espoir.
Katie m’a tapé sur l’épaule : « Lis le bouquin. »

***

Tout en réfléchissant à ce que Katie venait de me dire, j’ai considéré mes différentes options.
Je pouvais lâcher l’affaire, lire *Le Pacte de Billy* et en finir avec cette histoire.
Ou je pouvais ignorer le conseil de Katie, parler à Eliza pour tenter de lui soutirer des infos sur son père et m’assurer que Timmy ferait partie de l’équipe – ce qui me permettrait d’échapper à la lecture du *Pacte de Billy*.
La décision était facile à prendre.

BON PLAN DE CHARLIE N° 5

Si quelqu'un – disons, un de tes parents – te crie dessus parce que tu ne lis pas, détrompe-le en lui dressant la liste de tout ce que tu lis :

1. Les sites web
2. Les SMS
3. Les chats
4. Les modes d'emploi des jeux vidéo
5. Les résultats sportifs
6. Les menus
7. Le programme télé
8. L'emballage des boîtes de céréales
9. Les logos des T-shirts
10. Les coupons de supermarché
11. Les panneaux de signalisation

9

Je dis souvent qu'Eliza Collins est canon, tu as remarqué ? Mes parents détestent que j'utilise le mot « canon » pour décrire des filles. Ils prétendent que c'est insultant, « dégradant » d'après ma mère, « superficiel » d'après mon père, comme si je croyais que c'était la seule chose qui compte. J'ai compris, et bien compris, que le cerveau était important, lui aussi.

Mais laisse-moi te dire un petit secret : les filles ADORENT qu'on les complimente sur leur physique.

Surtout les filles vraiment intelligentes. Les filles vraiment intelligentes, les surdouées, aiment plus que toutes les autres qu'on leur dise qu'elles sont canons.

Mais, par respect pour ma mère et pour toutes les filles qui n'aiment pas ce mot, je ne l'utiliserai plus, à partir de maintenant.

Eliza Collins (qui n'est pas une surdouée) a été qualifiée de « canon » – je veux dire de bombe absolue – toute sa vie, alors elle a l'habitude et elle se comporte en conséquence. Si le collège était l'univers et les filles du collège le système solaire, alors elle serait le soleil. Et la lune. Elle est toujours entourée de filles, de garçons, et même de profs qui, bien qu'ils refuseraient sans doute de l'admettre, aiment être appréciés des élèves les plus populaires.

Si on veut voir Eliza, il faut prendre rendez-vous.

Pour moi, c'est un peu différent, parce que, pour une raison étrange – comme je vous l'ai déjà dit –, elle m'adore. MAIS… elle me déteste en même temps parce que ce n'est pas réciproque. Son incapacité à me séduire est son unique échec, son seul défaut, la cerise qui n'a rien à faire sur le gâteau.

Alors, bien sûr, elle m'en fait baver.

***

Le lendemain, à la pause de midi, j'ai dit à Talia, l'une des « assistantes » d'Eliza, que j'avais à lui parler. Elle m'a regardé comme si j'avais deux têtes.

« Je suis certaine qu'Eliza ne veut pas te parler », a répondu Talia, sans lever les yeux de son burger allégé au poulet et de sa grande portion de frites (les filles sont compliquées).

C'était important. Alors j'ai mis mon orgueil dans ma poche et j'ai posé la main sur son épaule. « Dis-lui que c'est important. »

Tu vois, le truc, avec Talia – et avec plein d'autres filles, j'ai remarqué –, c'est qu'elles adorent qu'on les touche. Je sais que ça peut paraître dégueu, mais c'est pas du tout dans cet esprit que je le fais. Je veux juste leur témoigner mon affection, leur montrer que je les aime bien et que je suis « là » pour elles (quel que soit le sens de cette expression) et, soudain, elles deviennent mes meilleures amies.

J'ai noté que les filles aiment particulièrement qu'on leur pose doucement la main sur l'épaule.

C'est fraternel, mais viril.

Est-ce que ça fait d'elles des êtres superficiels, comme si elles n'attendaient qu'un peu d'affection ? Je ne crois pas. Je crois que ça les rend plus humaines.

C'est ce qu'il y a de bien chez les filles.

***

Dès que ma main s'est posée sur son épaule, Talia a levé les yeux vers moi. Je l'ai sentie se détendre quand elle m'a souri. Puis elle a ouvert un petit carnet rose.

« Je crois qu'elle a un créneau demain après le cours de maths… »

10

Pendant ce temps, la date prévue pour remettre le devoir approchait à grands pas et je n'avais toujours aucune nouvelle de Timmy. Bien sûr, j'aurais pu lire le livre, mais en faisant ça j'aurais ruiné tous mes efforts. Je ne vais pas mentir, je suis fier de mon exploit. Tous les copains le savent et sont très impressionnés.

Et puis, laisse-moi te dire autre chose : je ne suis pas du genre à abandonner. Je me suis investi dans ce projet et il faudrait davantage qu'un malentendu stupide à propos d'une histoire de hockey pour me faire jeter l'éponge.

C'est pas juste que je suis fainéant, tu vois.

C'est que je ne veux pas décevoir mes fans.

BON PLAN DE CHARLIE N° 6

LIRE NE T'AIDERA PAS À RÉUSSIR DANS LA VIE.

Mes parents prétendent que si je ne me mets pas à lire, j'aurai des mauvaises notes aux tests de lecture et d'écriture qui ouvrent les portes des bonnes universités. Et que si je n'entre pas dans une bonne université, je finirai sans doute par rater ma vie. Ils me répètent au moins deux fois par semaine la phrase suivante : « Comment veux-tu faire de bonnes études si tu ne lis pas ? Et si tu ne fais pas de bonnes études, tu finiras... » (ça va de « clochard » à « délinquant » selon leur humeur).
Ma première réponse à ça, c'est : « RELAX, les gars, je ne suis encore qu'au collège. »
Ma seconde réponse, c'est : « Et si j'excelle dans un domaine qui n'attire pas grand monde, est-ce que ça ne pourrait pas m'aider à entrer dans une bonne université ? »
À un moment, j'ai pensé m'inscrire à un cours de mime, pour rigoler. Mais en fait, je me suis vite aperçu que les mimes se prenaient tous très au sérieux. J'aurais cru qu'ils comprendraient à quel point ils étaient ridicules, mais non.
Quel dommage que tout ça ait été aussi ennuyeux et aussi stupide, parce que ça n'avait pas l'air particulièrement difficile.
Et je pense que très peu d'élèves écrivent *Bon en mime* sur leur dossier d'inscription à l'université.
Peut-être que je devrais faire de l'escrime.
C'est comme le combat à l'épée, sauf

qu'on ne peut pas se faire tuer. Les vêtements d'escrime sont vraiment cool. Et puis, il ne s'agit que de tenir une arme, après tout ! Il n'y a rien de mieux que ça, et c'est suffisamment bizarre pour faire bonne impression sur ces sacro-saints dossiers d'inscription.

11

Pendant le cours de maths, je ne pensais qu'à une chose : mon rendez-vous avec Eliza. Il fallait qu'elle s'assure que Timmy ferait partie de l'équipe de hockey, pour qu'il puisse redevenir mon ami. Car dès que cette histoire serait réglée, il me donnerait un résumé du *Pacte de Billy*, je pourrais écrire mon devoir sans l'avoir lu et le monde tournerait rond de nouveau.

Je sais que c'est difficile à croire, mais avec tout ça, j'avais du mal à me concentrer sur le rapport fractionnel des nombres binaires.

(Au fait, ne perdez pas votre temps à chercher « rapport fractionnel des nombres binaires », je viens de l'inventer.)

***

Enfin, le cours s'est terminé. Je suis sorti dans le couloir, où Eliza était entourée d'un groupe de trois Elizette.

Quand elle m'a vu, elle a chassé ses amies.

« Charlie, j'y crois pas ! »

Elle m'a embrassé sur la joue, pour s'assurer que j'étais bien réel.

Elle aime bien ce genre d'effet dramatique.

«Salut, Liz», j'ai répondu (prononcer «Lizzz». Seuls les membres du premier cercle sont autorisés à l'appeler ainsi).

Elle a rejeté sa chevelure d'un côté de sa tête. Quand elle fait ça, toute agitation cesse dans le couloir. C'est incroyable, je dois bien l'admettre – un peu comme quand une Maserati rouge passe dans la rue et que tout le monde s'arrête pour la regarder.

«Alors, Charlie, tu es venu me demander d'être ta cavalière au bal de fin d'année?»

Le bal de fin d'année était dans quatre mois, et n'importe qui d'autre aurait trouvé cette question ridicule. Mais pas Eliza Collins. J'avais entendu dire qu'elle avait déjà reçu quelques demandes.

«Tu crois pas que c'est encore un peu tôt pour parler du bal de fin d'année?» j'ai demandé.

Eliza a chassé une mèche dorée de son œil gauche. «Je voulais vérifier, c'est tout. Parce que si tu voulais me demander de sortir avec toi, sache que tu te trompes de personne.»

Elle avait une façon de présenter les choses qui, étrangement, la rendait plus canon encore.

«Je m'en doute, Liz. Je suis venu te voir à la demande de quelqu'un d'autre.»

Elle a froncé les sourcils, ce qui n'est pas bon signe. Alors je me suis jeté à l'eau et, pour que personne ne puisse m'entendre, j'ai murmuré : «Tu connais Timmy McGibney, n'est-ce pas? (Bien sûr qu'elle connaissait

Timmy McGibney.) En fait, je sais avec certitude qu'il est un excellent joueur de hockey, alors si tu pouvais persuader ton père de le prendre dans son équipe, tu me ferais super plaisir, parce que je sais à quel point ça compte pour Timmy. Et je te promets de ne plus jamais te demander une faveur de toute ma vie.»

***

Avez-vous déjà remarqué que les jolies filles se croient autorisées à parler fort, surtout quand elles sont agacées ?

Eliza était agacée : non seulement je ne lui demandais pas de sortir avec moi, mais en plus, ce que je lui demandais l'ennuyait au plus haut point.

Eliza a écouté mon plaidoyer, puis a répondu, suffisamment fort pour être entendue jusqu'en Thaïlande : «CHARLIE… C'EST VRAIMENT TOUCHANT QUE TU TE SOUCIES À CE POINT DE TON AMI TIMMY, MAIS JE NE SAIS RIEN SUR L'ÉQUIPE DE MON PÈRE ET, POUR ÊTRE FRANCHE AVEC TOI, JE M'EN FICHE. ALORS… C'EST NON.»

Puis elle a rejeté sa chevelure de l'autre côté de sa tête et a tourné les talons.

Dans le couloir, tout le monde l'a vue me planter là. Ma mission avait lamentablement échoué.

***

Je récapitule : a) Eliza a dit non ; b) Timmy ne lira sans doute plus jamais un seul livre pour moi ; et c) tout le monde a cru que je trouvais Timmy trop nul pour intégrer tout seul l'équipe de hockey.

Aïe.

BON PLAN DE CHARLIE N° 7

LA LECTURE PEUT DÉTRUIRE DES AMITIÉS.

Ce que j'ai remarqué au sujet de la lecture, c'est qu'elle peut vite devenir une habitude. Une mauvaise habitude, comme fumer ou oublier de mettre du déodorant, ou encore dire « tu vois » à tout bout de champ. (Ou commencer toutes ses phrases par « Oui mais non ». Je déteste ça. Ça veut dire quoi, au juste ?)

Prenez mon copain Jake Katz, qui se vantait de ne pas lire, comme moi.

On lui a offert un livre sur les serpents, il l'a adoré, et il a commencé à dévorer les ouvrages sur les reptiles.

Ensuite, il s'est mis à lire toutes sortes de trucs – des traités de météorologie, des récits sur la guerre civile, des histoires de science-fiction, des intrigues policières. Et même un livre intitulé *Maîtriser l'art de trancher les sushis.*

Comme si ça pouvait lui servir un jour !

Maintenant, Jake trimballe ses livres partout avec lui, où qu'il aille. Dès qu'il a une minute entre deux activités, il sort un bouquin et commence à lire.

Je le dis franchement : notre amitié en a pris un coup.

12

Plus tard, pendant la récréation, alors que je me remettais péniblement de mon échec auprès d'Eliza, je me suis fait coincer par ma prof d'anglais.
«Bonjour, Charlie.»
«Bonjour, madame Ferrell.» J'ai commencé à taper du pied, impatient d'en finir. La récréation dure vingt-quatre minutes, et chaque minute vaut de l'or.
«As-tu lu *Le Pacte de Billy*? Tu sais que le devoir est à remettre la semaine prochaine. J'attends beaucoup de toi, tu sais.»
J'avais la malchance de faire partie des élèves que Mme Ferrell jugeait «prometteurs». Je déteste ça. Pour moi, ça veut dire qu'elle attend beaucoup de moi, et je ne suis pas sûr de pouvoir lui donner satisfaction.
Le mieux est l'ennemi du bien…
J'ai regardé avec envie mes copains, occupés à jouer à un genre de basket assez spécial qui consiste à envoyer le ballon sur les parties génitales de l'adversaire. En voyant Phil Manning toucher Ricky Snyder, je n'ai pas pu m'empêcher de me baisser, comme pour protéger mes propres parties intimes.
«Je t'ai posé une question, Charlie», a insisté Mme Ferrell en se penchant vers moi, suffisamment pour que je puisse

affirmer qu'elle avait mangé du poisson pané au déjeuner (au moins, nous avions une chose en commun).

« J'en suis presque à la moitié. » Enfin à la moitié du premier chapitre, plutôt.

Elle a poussé ce soupir typique des profs : « Bien, j'ai hâte de lire ce que tu en as pensé. Et plus d'excuses. Si tu rends ton devoir en retard, je t'enlèverai dix points. Le règlement, c'est le règlement. »

J'ai peut-être oublié de préciser qu'en plus de mon allergie à la lecture, j'avais parfois des problèmes de ponctualité lorsqu'il s'agissait de rendre mes devoirs.

Mme Ferrell a rajusté ses lunettes, ce qui signifiait avec certitude qu'elle allait en venir au fait.

« Charlie, un élève aussi doué que toi a l'obligation de produire un devoir à la hauteur de son talent, même s'il est très bien caché. J'ai évoqué ce sujet plusieurs fois avec tes parents. Ce sont des gens merveilleux, et tu devrais vraiment t'appliquer avant qu'il ne soit trop tard. Tu leur dois bien ça. »

Waouh ! Elle n'hésitait pas à jouer la carte des parents. C'était bas.

Sur ces mots, elle a tourné les talons pour aller rejoindre les autres profs qui, au lieu de surveiller les élèves pendant la récré, passaient leur temps à flirter.

J'ai retrouvé mes copains juste à temps pour voir Pete Milano lancer un gros ballon de basket, qui m'a touché tu sais où.

La journée tournait au vinaigre.

BON PLAN DE CHARLIE N° 8

TOUS LES LIVRES NE SONT PAS MAUVAIS.

Parfois, les livres – ou, au sens large, tout ce qui est écrit – peuvent avoir du bon. Voici quelques rares exemples :

- les bandes dessinées,
- les annuaires,
- les carnets de chèques (ceux que tes grands-parents utilisent le jour de ton anniversaire),
- les pages Facebook (quand tes parents ont le dos tourné).

13

Puisque tu es sur le point de faire la connaissance de ma famille, laisse-moi te dire quelques mots à son sujet. Tout d'abord, sache qu'ils sont tous géniaux. Mon père, James Jackson, «Jimmy» pour ses amis – bien que j'aie déjà entendu quelqu'un l'appeler «J. J.» (c'est aussi nul que quand un adulte qui ne me connaît pas m'appelle «C. J.») –, est avocat. Il travaille beaucoup, aime bien se balader en caleçon dans la maison, a les habitudes alimentaires d'un enfant de 10 ans et fait vraiment de drôles de bruits quand il joue avec les chiens. Il adore le ketchup mais déteste les tomates. Il n'est ni grand, ni petit, ni gros, ni mince – c'est un papa plutôt classique, à l'apparence normale.

Ma mère, Claire Jackson. Femme au foyer et prof suppléante, elle travaille beaucoup, nous impose, à ma sœur et à moi, de rester joignables mais ne répond jamais à son portable, rit à toutes les blagues de mon père même quand elles ne sont pas drôles, imite super bien l'accent australien, lève les yeux au ciel quand Papa fait des bruits bizarres

en jouant avec les chiens, lui demande de s'habiller et mange les tomates dans son assiette. Elle est très gentille et tous mes amis la trouvent vraiment jolie. Quand ils disent ça, ça m'énerve et me remplit de fierté tout à la fois.

Ma sœur, Megan Jackson. De deux ans mon aînée, elle était un garçon manqué jusqu'à ce qu'elle découvre les garçons. Elle porte des shorts plus courts que mes slips, joue de la clarinette comme un pied et ADORE LIRE.

Alors que, dans la plupart des livres, ce chapitre serait celui où l'auteur se plaindrait de sa famille, dirait à quel point il est malheureux chez lui pour chercher à s'attirer la sympathie du lecteur, je n'ai rien à dire contre ma famille. Je les aime bien et je les trouve plutôt sympas. J'aime bien chacun d'entre eux, tout le temps. Même ma sœur. Je sais que c'est fou, mais c'est la vérité.

En d'autres termes, je n'ai pas de problèmes familiaux majeurs.

Du moins, je n'en avais aucun avant de rentrer à la maison ce soir-là.

ma sœur Megan

14

L'après-midi a commencé de manière tout à fait normale. Après les cours, je suis allé chez mon copain Jake, que j'ai trouvé dans son jardin, en train de lire un livre debout.

C'est déjà difficile de lire, mais lire *debout* ? Heureusement, je connais la seule chose qui puisse lui faire lever le nez de son bouquin : c'est la Xbox, parce que c'est juste trop génial.

Mais, au moment où nous nous précipitions à l'intérieur pour aller jouer, sa mère nous a arrêtés et nous a demandé de retourner dehors.

Alors nous y sommes restés trois minutes, puis nous avons contourné la maison par l'autre côté, sommes de nouveau entrés par la porte latérale et descendus au sous-sol pour jouer à la Xbox.

Au beau milieu de la partie, Timmy m'a envoyé un drôle de SMS : *Tu as lu des livres récemment ?*

J'ai répondu : *LOL. À ton avis ?*, puis j'ai oublié cet échange.

Après environ quarante-cinq minutes d'une super-partie de Xbox, le chien de Jake a eu peur des zombies et s'est mis à aboyer comme un fou. Alors Mme Katz nous a renvoyés dehors.

On a obéi et on est restés pendant une heure dans son jardin à parler de zombies.
Puis Jake a dit : « Comment ça se fait que tu n'aimes pas Eliza ? »
Jake est très très intelligent, mais pour ce qui est des filles, c'est pas vraiment une flèche, alors il ne peut pas comprendre pourquoi un garçon n'aime pas une fille qui l'aime.
Surtout quand il s'agit d'une fille aussi canon qu'Eliza.
« C'est difficile à expliquer, j'ai répondu. J'aimerais bien pourtant. Ça me faciliterait la vie. »
« Je ne crois pas que la vie soit facile », a répondu Jake, qui n'a jamais eu autre chose que des A de toute sa vie.
J'étais loin de me douter à quel point il avait raison.

***

En rentrant à la maison, j'ai tout de suite su que quelque chose n'allait pas. Moose et Coco ne se sont pas précipités pour me faire la fête comme si j'étais le seul être humain sur terre.
Ce qui est bien, avec les chiens, c'est qu'ils sont de véritables baromètres de l'humeur de leur entourage. Si quelqu'un est triste, ils le sont aussi. Si quelqu'un est heureux, ils sont heureux avec lui. Et si quelqu'un est furieux, comme c'était le cas ce jour-là, ils vont se cacher.
Avant le dîner, je suis allé dans la cuisine prendre mon habituel bol de céréales. J'aime bien préparer un peu

mon estomac avant de m'asseoir à table pour prendre un vrai repas.

J'ai stoppé net en voyant ma mère assise à la table avec celle de Timmy.

D'habitude, j'aime bien Mme McGibney. Elle a les placards les mieux garnis de la ville : chips, biscuits au chocolat, pop-corn au fromage, cookies à volonté, bref, toutes les « cochonneries » que j'adore et que ma mère n'achète pas. En plus, Mme McGibney est toujours d'accord pour nous emmener où on veut, Timmy et moi.

Mais ce soir-là, ce n'était pas comme d'habitude. C'était très anormal, voire paranormal.

J'ai fait un bref signe de la main en passant près d'elles pour aller chercher la boîte de céréales.

« Bonjour, madame McGibney. »
Elle a eu un demi-sourire : « Bonjour, Charlie. »
Ma mère a interrompu les politesses. « Charlie, ton goûter hyper-calorique devra attendre un peu. Viens t'asseoir, s'il te plaît. »
J'ai obéi. Coco est partie dans la pièce voisine – elle déteste les conflits. Moose est resté et m'a regardé d'un air de dire : « Je suis désolé pour toi, mais en même temps, je n'aimerais pas être à ta place. »
Ma mère a croisé les mains comme le font toutes les mères pour dire « C'est moi qui parle et toi tu écoutes ! ».
« Rose est venue m'annoncer des nouvelles très désagréables. »

***

Tu veux que je continue, ou que ce chapitre s'arrête là ?
Es-tu pressé de savoir la suite ou plutôt de finir le chapitre pour reposer le livre et aller regarder la télé ?
Je serais pour voter, mais puisque ça paraît impossible, je vais essayer de me mettre à ta place : qu'est-ce que je préfère ? Je vote pour quoi ?
Bon, c'est décidé : le chapitre se termine ici.

BON PLAN DE CHARLIE N° 9

LIRE FAIT PARFOIS GROSSIR.

Tu as sans doute entendu parler du fléau que représente l'obésité juvénile, et des études décrivant les enfants d'aujourd'hui en train de manger des sucreries et des cheeseburgers affalés sur un canapé. Une chaîne d'infos du câble a appelé ça l'« épidémie de graisse », ce qui est presque aussi inquiétant que le réchauffement climatique.

Eh bien, sais-tu ce qui contribue grandement à toute cette production de graisse ?

La lecture.

Laisse-moi te dire que lire ne brûle absolument aucune calorie.

Alors, la prochaine fois que tu auras envie de prendre un livre, rappelle-toi à quel point ce geste peut être néfaste pour ta santé.

Je dis ça pour ton bien.

15

En voyant ma mère, assise de l'autre côté de la table, me regarder d'un air sévère, j'ai soudain compris ce qui se passait.

Quand il arrive quelque chose au collège, la nouvelle se répand comme une traînée de poudre.

Qui savait ?

En fait, Eliza avait immédiatement rapporté notre conversation à sa copine Talia, qui l'avait elle-même racontée à Adam, qui l'avait dit ensuite à Becky, qui l'avait dit à David qui, à son tour, l'avait répété à Emily, qui l'avait confié à Eric, qui l'avait ensuite répété à Cathy… qui se trouve être la sœur de Timmy.

Et Cathy l'avait dit à sa mère. Qui est aussi la mère de Timmy.

Et la mère de Timmy l'avait dit à ma mère.

Et ma mère me l'a dit très clairement.

Au début, ça m'a paru anodin. « Alors, dis-moi si je me trompe, a commencé Maman, même si nous savions tous les deux qu'elle ne se trompait pas. Tu as demandé à Eliza Collins de persuader son père de prendre Timmy dans son équipe de hockey ? »

J'ai avoué : « Oui. Et alors ? Où est le problème ? Je suis son ami, et j'ai voulu l'aider. »

Ma mère a poussé un profond soupir, ce qui, d'habitude, annonce le début de la fin.

« Un ami qui veut s'assurer qu'on continue de lire des livres à sa place, apparemment. »

Aïe...

« Timmy m'a parlé de votre petit arrangement, tu sais », a dit Mme McGibney, s'excusant presque.

J'ai commencé à transpirer. « Qu'est-ce qu'il vous a dit ? » j'ai demandé – comme si je ne le savais pas !

C'est Maman qui a repris la parole : « Tu lui achetais des friandises à la pause déjeuner, et en échange, il te résumait le livre que tu devais lire pour rédiger un devoir afin que tu n'aies pas à le lire toi-même. »

Ensuite, elle a attendu que je confirme ou que j'infirme ses dires. Mais avais-je vraiment le choix ?

J'ai confirmé : « Mmh. »

Mais elle n'en avait pas encore terminé : « Et d'après Timmy, ça fait quelques années que ça dure, et pendant tout ce temps tu n'as pas lu un SEUL des livres que tu es censé avoir lus ! »

Waouh ! Timmy était vraiment entré dans les détails sordides. Il a dû être sacrément furieux d'apprendre que j'avais parlé à Eliza – ou, plutôt, que tout le collège savait que j'avais parlé à Eliza.

Zut alors ! Katie avait raison. Comme d'habitude. Alors j'ai dit : « Ce n'est pas aussi simple que ça. J'ai lu quelques extraits de ces livres. Tous les premiers chapitres, et un peu des seconds, et la plupart des derniers.

J'étais parfaitement capable de dire de quoi ils parlaient. Timmy m'a juste fourni quelques détails, rien de plus. »

Jamais elle ne goberait un truc pareil.

Ma mère m'a regardé d'un air vraiment déçu et je me suis senti super mal. « Nous en reparlerons quand ton père sera rentré. »

Super. Encore une perspective réjouissante.

Mme McGibney a pris une gorgée de cidre, ce qui m'a fait réaliser que je n'avais plus une goutte de salive dans la bouche et que j'étais sur le point de mourir de soif. Avec un regard de pitié, elle a déclaré, sans doute pour me rassurer : « Je veux que tu saches, Charlie, que Timmy sera puni tout comme toi. »

BON PLAN DE CHARLIE N° 10

IL EST FACILE DE CONVAINCRE LES AUTRES QUE TU LIS ALORS QU'EN VÉRITÉ TU NE LIS PAS.

Il y a des tas de manières de te faire passer pour un lecteur passionné. Suis ces conseils pleins de bon sens :

1. Installe une étagère dans ta chambre et garnis-la de livres.
2. Porte des lunettes même si tu n'en as pas besoin.
3. Utilise souvent la locution « par conséquent ».
4. Accroche un poster de Harry Potter sur ton mur.
5. Aie toujours une carte de bibliothèque à portée de main.
6. Demande un chèque-cadeau Amazon pour ton anniversaire (n'oublie pas, ils vendent aussi des DVD).
7. Achète-toi un T-shirt à l'effigie de Mark Twain.
8. Balade-toi à la Fnac (ils vendent aussi des DVD, rappelle-toi).
9. Sur ton ordinateur, choisis comme page d'accueil la page web de la bibliothèque du quartier.
10. LE PLUS IMPORTANT PEUT-ÊTRE : fais en sorte de ne jamais t'embrouiller avec l'ami qui lit tous les livres pour toi. JAMAIS.

16

Un livre peut-il être divisé en quarts-temps, comme un match de football américain ? Si c'est le cas, alors je crois que nous arrivons à la fin du premier quart-temps. Maintenant, une page de publicité.

DEUXIÈME PARTIE

L'AMOUR DE MA VIE ET AUTRES IMPOSSIBILITÉS

17

Vous connaissez le proverbe : « Les paroles s'envolent, les écrits restent » ?
Eh bien, le mec qui a dit ça avait bien raison !

BON PLAN DE CHARLIE N° 11

Les livres divisés en parties sont à éviter à tout prix.

À part celui-ci.

18

C'est très difficile d'être assis en face de sa mère et son père qui vous font des reproches – justifiés –, et de trouver une réponse à la fois rapide et pertinente.
J'espère que tu me pardonneras la réplique qui m'est venue à l'esprit après avoir entendu ma mère raconter toute l'histoire à mon père, qui me demandait ce que j'avais à dire pour ma défense :
« Je suis vraiment, vraiment désolé et je vous jure que ça n'arrivera plus jamais de toute la vie. »
Je sais, c'est top, n'est-ce pas ?
Je t'épargne les détails de mes pleurnicheries éhontées pour implorer leur pitié – je crois même qu'une ou deux larmes ont coulé de mon œil gauche – pour en venir directement à la sanction annoncée par mon père : « Une semaine de punition. »
Je ne m'en sortais pas trop mal.
Puis ma mère a ajouté : « Tu mettras le couvert pendant deux semaines. »
Là, ça commençait à être un peu trop.
Elle a continué : « Corvée de lave-vaisselle, trois semaines. »
Non, mais attends… Je ne pouvais pas laisser passer ça.
J'ai bégayé : « Trois semaines de corvée de lave-vaisselle ? C'est n'importe quoi ! C'est pas juste ! Non seulement

je suis puni, mais Megan est récompensée ? Pourquoi ? »
En voyant mon père froncer les sourcils, j'ai compris que j'avais sans doute franchi la ligne jaune en me plaignant comme ça, à chaud. J'ai attendu, nerveux.
« Ah bon, tu trouves que ce n'est pas juste ? Très bien. Je lève la dernière punition », a-t-il proposé.
Euh… Ça avait vraiment marché ?
« Je la remplace par un mois d'interdiction de portable. Et ça tombe bien car les portables sont interdits à la bibliothèque, où tu iras désormais tous les soirs après les cours. »
Euh… si on revenait à la punition précédente ?

19

Je sais que tu partages ma douleur, mais je dois tout de même dire une chose : il ne faut pas surestimer l'importance du portable dans la vie d'une personne. Surtout si cette personne est punie et a cinq jours pour rédiger un devoir.
En fait, concrètement, quatre jours et demi.

BON PLAN DE CHARLIE N° 12

LA BIBLIOTHÈQUE PEUT ÊTRE TON AMIE.

Ne pars pas du principe que les bibliothèques sont des lieux maudits juste parce qu'elles sont remplies de livres.
Ça dépend de la raison pour laquelle tu les fréquentes.
Par exemple, la plupart des bibliothèques ont un bon rayon DVD. Et aussi des ordinateurs. Dans la bibliothèque de ma ville, il y a même une cafétéria. J'aime bien prendre un livre (que je n'ai aucune intention de lire) et aller m'y installer pour déguster un petit chocolat chaud et discuter un peu.
De temps en temps, il m'arrive même d'ouvrir mon livre.
Parfois, une fille que je connais s'approche pour me demander ce que je lis (sauf si elle est dans mon collège, auquel cas elle sait que les livres et moi, ça fait deux). Alors, je lui retourne sa question et je lui demande plein de détails pour montrer à quel point je suis curieux et sensible. Ensuite, je lui dis que son livre a l'air bien, et que je devrais l'aimer. Elle sourit, et je lui rends son sourire.
Ouais, comme je t'ai dit, la bibliothèque peut être ton amie.

20

La bibliothèque peut aussi être ton ennemie mortelle. Si on enlève la fille dans l'histoire qui précède et qu'on la remplace par ma mère et ma sœur, et qu'on ajoute à ça l'absence totale de portable, alors la bibliothèque devient un enfer sur terre. Un désespoir sans bornes. Un trou noir de désolation et de malheur.

Et un endroit infréquentable, surtout le samedi. Mais ce samedi-là – le lendemain de ma petite discussion dans la cuisine, avec Maman et Mme McGibney –, j'étais à la Bibliothèque Municipale Enfer sur Terre, un exemplaire du *Pacte de Billy* entre les mains.

J'ai essayé de trouver un coin où personne ne pourrait me voir, parce que j'avais une réputation à tenir.

Puis – crois-le ou non – j'ai commencé à lire.

21

Oui, je sais, c'est à cet endroit de mon récit que je devrais vous dire qu'en fait, le livre était génial, que je n'ai pas vu le temps passer et que, quand j'ai relevé la tête, il était déjà 20 heures. Bref, que j'avais découvert les joies de la lecture et du roman, que les personnages me parlaient et que non seulement j'avais envie de lire davantage de livres, mais que je voulais déménager à la bibliothèque.

Seulement voilà : ce n'est pas DU TOUT ce qui s'est passé.

Non que j'aie quoi que ce soit contre *Le Pacte de Billy*, ou contre le mec qui l'a écrit, un certain Ted Hauser. Je suis sûr que ce Ted Hauser est un mec sympa, qui a une famille merveilleuse, et je le félicite d'avoir écrit un livre que la plupart des jeunes ont l'air d'adorer. Je suis sûr que sa mère est vraiment fière de lui et n'arrête pas de faire son éloge dans des dîners.

Mais, même si Ted Hauser est un mec sympa doublé d'un auteur à succès, ça ne lui donne pas le droit de me pourrir la vie.

Au bout de deux heures – et crois-moi, j'ai compté chaque seconde –, je me suis aperçu que j'avais lu dix-huit pages.

Bon, je ne suis pas un expert – loin de là, en fait –, mais je suis sûr que dix-huit pages en deux heures n'est pas une vitesse record.

À ce train-là, il me faudrait trois ans pour venir à bout de ce livre.

Soudain, quelqu'un m'a tapé sur l'épaule. C'était ma sœur, Megan, qui avait quatre – eh oui ! quatre, je les ai comptés – livres dans les mains.

« Comment ça se passe ? T'en es où ? Ça te plaît ? »

Parfois, avoir une sœur gentille n'est pas mieux que d'avoir une sœur méchante. Crois-moi, parfois, c'est même pire.

Je l'ai regardée, puis me suis frotté les yeux. « Oh oui ! je peux plus m'arrêter. C'est vraiment génial. »

« Ça m'étonne pas. »

J'ai regardé autour de moi. Tout le monde avait l'air d'être là de son plein gré. Qui étaient donc ces gens qui semblaient apprécier de rester assis à ne rien faire d'autre que déchiffrer des mots sur des pages, et y trouvaient même un certain bonheur, une certaine satisfaction, un certain épanouissement ? Il y avait même des gens qui lisaient le journal, tu te rends compte ? Le journal ! Alors qu'on peut se connecter et, en trois gros titres, savoir tout ce qu'il faut savoir (guerres, paix, catastrophes, sorties de films en 3D – un seul clic suffit, grâce aux bons génies de Google) !

Qui donc étaient ces gens, et qu'est-ce que je faisais parmi eux ?

Megan s'est assise près de moi. « Écoute, j'ai un marché à te proposer. C'est sans doute le truc le plus débile que j'aie jamais fait et je vais le regretter toute ma vie, mais… »
Elle s'est interrompue, comme si elle venait de changer d'avis.
Continue. Allez, continue! Mes lèvres n'ont pas bougé, mais dans ma tête, je hurlais.
« Je ne supporte pas de te voir faire cette tête. Je sais que tu es en retard. Je vais lire ce livre pour toi ce soir. Mais juste cette fois. À partir de maintenant, tu liras tes livres toi-même. T'as compris ? »
C'est bien ce que je disais : avoir une sœur gentille est la pire chose au monde, parfois.

22

UN BREF HOMMAGE À MA GÉNIALE SŒUR

Ce qui est drôle, chez Megan Jackson, c'est qu'elle n'est pas drôle du tout. Elle a zéro sens de l'humour, est incapable de faire une blague pour sauver sa peau et ne comprend pas ce qu'il y a de drôle dans les *Simpsons*, ce qui est vraiment triste.

Disons qu'elle a de sérieuses lacunes dans ce domaine.

Mais – et crois-moi, j'y ai beaucoup réfléchi – c'est vraiment la seule chose au monde qu'on puisse lui reprocher. Elle est jolie, sympa, intelligente, sportive, gentille avec les nazes et tous ceux qui ont moins de chance qu'elle – bref : c'est quelqu'un de vraiment top.

Du moins, c'est ce que je pensais jusqu'à ce qu'elle décide de me sauver la vie.

Je n'ai pas toujours adoré ses mecs et elle a tendance à squatter la salle de bains mais dans l'ensemble, je m'éclate bien avec elle.

Elle est ce qu'on appelle « quelqu'un de bien ».

BON PLAN DE CHARLIE N° 13

ON PEUT À LA FOIS ÊTRE UN BON LECTEUR ET AIMER LE CINÉMA.

J'adore aller au cinéma (quand je ne suis pas puni, je veux dire). C'est l'une de mes activités préférées. Et parfois, quand je reviens du cinéma et que mes parents me demandent où j'étais, je leur réponds que j'étais en train de lire. Crois de bois, croix de fer, si je mens, je vais en enfer.

Sérieusement, il y a plein de façons de lire au ciné :

1. En vérifiant que tu as acheté un ticket pour le bon film !
2. La bande-annonce.
3. «Ce film est classé...»
4. Le générique de début.
5. Les sous-titres (il y a parfois de bons films étrangers, avec des filles super canons).
6. Le générique de fin.
7. Les affiches de films dans le hall du cinéma.
8. Les noms des burgers du fast-food, après la séance.
9. Les critiques que tu lis en ligne une fois rentré chez toi.
10. Les textos que t'envoient tes copains pour te dire s'ils ont aimé ou non le film.

23

Après avoir hurlé de joie intérieurement – après tout, j'étais à la bibliothèque, et je ne voulais pas me donner en spectacle et déranger tous ces lecteurs concentrés –, j'ai décidé d'inviter ma sœur à manger une glace. C'était la moindre des choses, et je lui devais bien ça, si tu vois ce que je veux dire… (*Le Pacte de Billy* fait quand même 167 pages.)

Alors – et c'est là que ça se complique – on va chez le marchand de glaces et sur qui on tombe ? Timmy McGibney ! Oui, le planteur de couteau dans le dos, le dévoileur de secrets qui était censé être dans la même galère que moi et puni lui aussi.

Mais ce n'était pas juste le fait qu'il soit sorti alors qu'il était censé rester chez lui que j'ai trouvé bizarre. Après tout, moi aussi, j'aurais dû être chez moi.

C'était le fait qu'il était accompagné. Et que ça m'a brisé le cœur – tu te souviens quand je t'ai dit que Timmy ne s'intéressait pas encore aux filles ? Oublie ça !

Car celle avec qui il partageait un milk-shake au chocolat n'était autre que…

Roulement de tambour…

Hannah Spivero.

24

Tu te demandes sans doute pourquoi j'ai attendu aussi longtemps pour te présenter l'amour de ma vie.
C'est une question tout à fait légitime.
Pour être franc, je n'étais même pas sûr d'avoir envie d'en parler. Dans le fond, qu'est-ce qu'Hannah Spivero a à voir avec ce livre ? Quel peut être le rapport entre l'être le plus parfait de la création et un guide pour ne pas lire ? À ce que je sache, rien. C'est pourquoi mon intention était de la laisser en dehors de tout ça – loin des yeux, loin du cœur, tu vois ?
Je me trompais.
Je suis raide dingue d'Hannah Spivero depuis… on est quoi, aujourd'hui, samedi ? Alors… mercredi… jeudi… vendredi…
Depuis environ sept ans.
La première fois que je l'ai vue, c'était à la maternelle, lors d'une partie de foot. C'est moi qui lançais le ballon – enfin, qui le roulais, pour être plus précis. Avec une grimace genre pour-qui-elle-se-prend-cette-fille, j'ai guidé doucement la balle en direction de ses petits pieds mal coordonnés.
D'un geste très sûr, elle a frappé la balle et l'a envoyée jusqu'à la lune. Je crois qu'elle vole encore.

Quand elle a marqué son premier but, elle m'a tiré la langue.
Quand elle a marqué son deuxième but, elle a posé le bout de son pouce sur son nez et a agité les autres doigts.
Quand elle a marqué son troisième but, elle a froncé le nez et m'a souri.
J'étais amoureux.

***

UN BREF HOMMAGE À HANNAH SPIVERO

Hannah est vraiment intelligente, mais ce n'est pas un génie. Elle n'est ni la plus créative, ni la plus drôle, ni la plus rien du tout, franchement. C'est juste que,

pour moi, elle est la plus *tout*. Personne ne lui arrive à la cheville, à mon avis.
Un exemple ? Eh bien, si l'on compare Hannah à Eliza (j'entends déjà la voix de ma mère : « Ça ne se fait pas ! »), on se rend compte qu'Eliza est sans aucun doute plus jolie, point par point, si tu vois ce que je veux dire : de beaux cheveux, de beaux yeux, une belle peau, bref, la perfection, et puis cet air d'allumer tous les garçons à qui elle s'adresse comme si elle leur répétait sans cesse « Regarde comme je suis belle »...
Hannah, elle, a les cheveux noirs, des yeux ravissants et un petit espace entre les dents de devant qu'aucun appareil n'a réussi à faire disparaître. Elle aime la vie, elle est totalement elle-même et elle n'a pas besoin de faire savoir au monde entier à quel point elle est jolie.
En plus, elle adore les chiens, le chocolat et les Beatles : les trois choses que je préfère dans la vie.
Le seul problème, avec Hannah, c'est son frère jumeau, Teddy. Si Hannah est au top, eh bien, lui... ne l'est pas. Il sait depuis toujours que je suis amoureux de sa sœur et il s'est donné pour unique mission de me pourrir la vie.
Mais à part ça, pas de contestation possible : si Eliza est sans aucun doute plus jolie, plus féminine, plus charmante qu'Hannah, elle n'est pas Hannah...
Allez, j'arrête de me prendre la tête, ou ça va tourner à l'obsession.

25

Elle était là, à table, avec Timmy.
Mais il n'y avait pas que ça.
Non seulement ils étaient en train de rigoler, mais j'aurais juré que son petit doigt gauche à lui était dangereusement proche de son index droit, à elle.
Ils étaient assis là, en train de s'éclater, avec au moins la moitié de ma classe qui les regardait avec admiration et respect. (Bon, d'accord, ils n'étaient peut-être qu'une dizaine, mais tu vois ce que je veux dire.) Hannah ne portait rien de particulier – un T-shirt *Let it be* et un jean noir – mais elle était trop canon.
« C'est pas Hannah Spivero ? » a demandé Megan – qui adore enfoncer les portes ouvertes.
« Ouais… »
« Et qu'est-ce qu'elle fait ici, avec Timmy McGibney ? » a-t-elle ajouté, enfonçant une autre porte, mais fermée, celle-là.
« Comment veux-tu que je le sache ? »
Avant qu'elle puisse poser une autre question énervante, je me suis dirigé droit vers la table.
Timmy n'avait pas du tout l'air gêné de me voir arriver. Il avait même les yeux qui brillaient, comme s'il mijotait quelque chose.

« Salut, Charlie. Qu'est-ce que tu fais là ? T'es pas puni ? »
« Bien sûr que si. Et toi ? »
Timmy a pris une longue gorgée de son milk-shake qui, il faut l'avouer, avait l'air délicieux.
« Hannah et moi, on révise pour l'interro de sciences. »
C'est bien connu, en effet : Hannah, en plus de ses innombrables qualités et de son absolue perfection, est super forte en sciences.
J'ai jeté un regard d'envie sur les glaces aux mille parfums qui attendaient sur la table, alléchantes et hors de portée. « Et pourquoi vous sortez manger une glace, alors ? Vous pouvez pas réviser chez vous ? »
C'est à ce moment qu'Hannah a décidé d'intervenir.
« T'as reçu mon texto, Charlie ? »
C'était complètement hors sujet. Elle n'arrêtait pas de m'envoyer des textos sans queue ni tête, toujours sur

des sujets sans intérêt, pour me donner l'heure d'un concert ou me rappeler la date prévue pour la remise du devoir d'espagnol (de toute façon, tout texto d'Hannah qui ne me déclarait pas un amour éternel était sans intérêt).

Je me suis tourné vers elle, ce qui me fait toujours un peu mal aux yeux. Non que la beauté d'Hannah soit aveuglante, mais elle a une espèce de lumière intérieure, comme si elle avait avalé une ampoule électrique géante, qui m'oblige à plisser les yeux quand je la regarde. Même si je fais en sorte que personne ne le remarque.

« Non, j'ai pas reçu ton texto. Mes parents m'ont confisqué mon portable. »

Elle a ri : « Aïe. »

Timmy a repris la parole avant qu'Hannah et moi ayons pu engager un semblant de conversation.

« On s'est bien amusés aux sélections, aujourd'hui », a-t-il lancé, content de lui.

« Oui, c'était super », ai-je répliqué d'un ton sarcastique. Les sélections pour constituer l'équipe de hockey avaient commencé le matin. Je n'avais pas vraiment mis le feu au terrain, et il paraissait évident que Timmy serait retenu et pas moi.

Et Eliza n'avait rien à voir dans tout ça, évidemment.

Ce qui veut dire en clair que si Timmy n'avait pas été aussi peu sûr de lui, et si j'avais su la boucler, nous serions toujours amis, il lirait toujours mes livres, et je ne serais pas là, en train de le regarder planter sa paille dans le même milk-shake que ma future épouse !

Sans se presser, Timmy a pris une nouvelle gorgée de milk-shake, puis m'a regardé : «T'as toujours pas répondu à ma question. Si t'es puni, pourquoi tu sors manger une glace ?»
«Si tu veux le savoir, moi et Megan on était à la bibliothèque, en train de lire...»
«Megan et moi», a corrigé Hannah qui, en plus de ses innombrables qualités et de son absolue perfection, est super forte en grammaire.
J'ai répété, juste pour elle : «Megan et moi.»
Timmy a haussé les sourcils d'un air sceptique.
«Toi, en train de lire ? Arrête...» a-t-il fait avec un vague geste de la main, avant de retourner à son milk-shake.
Étrangement, j'ai refusé d'en rester là : «Oui, exactement. Non seulement j'ai lu *Le Pacte de Billy*, mais je l'ai terminé. Et tu vois, ça m'a bien plu.»
Timmy a haussé plus haut encore les sourcils – plus haut que je ne l'aurais cru possible.
«Tu l'as terminé ? En un jour ?»
J'étais lancé, maintenant, et je ne pouvais plus revenir en arrière. «Tout à fait.» Dans ma tête, j'ai commencé à me sentir légèrement mal à l'aise.
«Ah oui ? Et ça finit comment ?»
Avant que j'aie pu imaginer une réponse, Megan s'est assise à côté d'Hannah, comme si elles avaient toujours été meilleures copines. «J'adore tes chaussures !» s'est-elle écriée, me sauvant la vie une fois encore.

Hannah a posé sur ma sœur un regard admiratif. Elle a beau être une déesse à mes yeux, je crois qu'au fond, Hannah est une collégienne qui n'attend qu'une chose : qu'une lycéenne s'intéresse à elle.

Comme les deux filles commençaient à parler chiffons, j'en ai profité : «Tiens, je vais aller chercher deux cornets.»

Timmy m'a dévisagé longuement, puis a décidé de m'achever.

«Au fait, je t'ai pas dit? Quand je ne serai plus puni, moi et Hannah on ira au cinéma. On sort ensemble, maintenant.»

Je me suis arrêté net. Je commençais à transpirer. J'ai vu ma vie défiler devant mes yeux. (Hélas, j'adorais Hannah, et c'était pas vraiment réciproque.) J'étais complètement sous le choc.

Quand Hannah a interrompu sa conversation avec Megan et levé les yeux, j'ai su qu'elle allait dire quelque chose.

Dieu merci, elle allait mettre fin à cette folie et dire à Timmy qu'elle n'avait jamais rien entendu d'aussi débile. Mais elle s'est contentée de dire : «Hannah et moi»...

26

Les chapitres sont de plus en plus longs.

Je ne sais pas ce qui se passe. J'essaie de ralentir, mais j'ai l'impression que les choses m'échappent un peu.

Je ne t'en veux pas si tu es furieux contre moi. Je t'ai promis des chapitres très très courts et je ne tiens pas ma promesse.

Tout ce que je peux dire, c'est que je tiens compte des réclamations de mes clients, que je suis informé du problème et que je ferai en sorte que tout rentre dans l'ordre dans les plus brefs délais.

Merci de ta patience.

27

Voilà, c'est mieux.

BON PLAN DE CHARLIE N° 14

SI TU ES OBLIGÉ DE LIRE UN LIVRE, PRENDS DU RECUL.

Pour être sûr de ne pas trop t'investir dans les personnages ou l'histoire que tu es en train de lire, rappelle-toi ces faits très simples :

1. Les personnages ne sont pas réels (fiction).
2. Tu ne connais pas personnellement ces gens (témoignage).
3. Ils sont peut-être morts (biographie historique).
4. Ils ne t'adresseraient pas la parole si tu les croisais, dans un restaurant par exemple (biographie de sportifs).
5. Ce qu'ils font ne pourrait jamais exister en vrai (roman de science-fiction).
6. Aucune chance pour que cette fille méga-canon tombe amoureuse de ce naze (roman pour ados).
7. Aucune chance pour que ce maigrichon batte ce gros costaud (livre de sport).
8. Rien de tout ça n'aura une quelconque importance dans ta vie (manuel de maths).
9. Rien de tout ça non plus (manuel de sciences).
10. Qu'est-ce que ça peut bien faire ? (tout autre ouvrage ou presque)

28

On dit souvent d'Eastport, la ville où je vis, qu'il fait « bon y élever des enfants ».

Je crois qu'on peut traduire ça par « Vous, les jeunes, vous avez de bonnes écoles, de bons profs, de bons parents, de bonnes activités extrascolaires, de bonnes équipes sportives, de bons programmes culturels et de bons conseillers d'orientation. Vous avez beaucoup de chance et la moindre des choses est d'en profiter pour réussir. »

C'est pas pour nous mettre la pression ou quoi que ce soit, remarque…

Mais je ne me plains pas. Nous avons une magnifique plage, un centre-ville sympa, quelques cinémas et un endroit génial, le *Jookie's* (personne ne semble savoir qui est, ou était, ce « Jookie »). Le *Jookie's* est un endroit sans adultes et sans stress, où on peut jouer au ping-pong, au basket, et écouter de la musique sans penser ni aux parents, ni au collège, ni à quoi que ce soit d'important.

Pour nous remettre de toutes les émotions que nous venions de vivre chez le marchand de glaces, on est allés au *Jookie's*, ma sœur et moi.

J'ai décidé de jouer au hockey sur coussin d'air. Quand on n'a pas envie de parler, c'est super, parce que c'est trop bruyant de toute façon.

Megan a quand même essayé.
« C'était *space*, hein ? » a-t-elle crié en frappant le petit palet rouge.
« Ouais », j'ai répondu en le lui renvoyant.
«Tu dois avoir les boules, non ? » dit Megan en marquant le point gagnant, concluant ainsi la partie et la conversation.

BON PLAN DE CHARLIE N° 15

ASSURE-TOI D'AVOIR LU AU MOINS UN LIVRE EN ENTIER POUR POUVOIR RÉPONDRE SI ON TE DEMANDE QUEL EST TON LIVRE PRÉFÉRÉ.

Je crois que le seul livre que j'aie jamais lu jusqu'au bout est *L'Arbre généreux*.
Tu l'as déjà lu ? En tout cas, je peux te dire que ce Shel Silverstein – un mec un peu flippant, comme on peut le constater en regardant sa photo au dos du livre – sait exactement comment s'adresser aux non-lecteurs dans mon genre.
Il ne doit pas y avoir plus de soixante-deux mots dans tout le bouquin.
Et pourtant, il raconte l'histoire géniale d'un petit garçon qui est ami avec cet arbre et qui lui prend, prend et prend tout ce qu'il a jusqu'à ce que l'arbre n'ait plus rien à donner. Il ne reste plus qu'une souche et, beaucoup plus tard, quand le petit garçon est devenu un vieil homme et revient, il peut encore s'y asseoir. Ça a l'air triste, comme ça, mais c'est une belle histoire. C'est – euh... je crois que le mot, c'est : « émouvant ».
Entre toi et moi, je dois t'avouer que j'ai pleuré un petit peu, à la fin.
Pour un peu, ça m'aurait donné envie de lire un autre livre.
J'ai bien dit : pour un peu.

29

Ce soir-là, j'étais dans ma chambre et j'essayais de ne pas penser à Timmy et Hannah, quand Megan a frappé à la porte. Elle est entrée avant que j'aie eu le temps de répondre.

« C'est quoi, cette histoire entre Timmy et Hannah ? » a-t-elle lancé en se laissant tomber sur mon lit.

J'ai pris l'air indifférent.

« Je sais pas... »

Megan n'a pas insisté. « J'ai lu *Le Pacte de Billy* et c'est super bien, a-t-elle enchaîné. C'est l'histoire d'un garçon qui joue au base-ball. Il a des hauts et des bas, mais il finit par se qualifier comme lanceur lors d'un match décisif. En découvrant ce passage, je me suis sentie tellement nerveuse que c'était comme si j'étais sur le terrain ! » Elle m'a regardé dans les yeux. « Je me suis dit que toi qui aimes le sport, tu devrais adorer ce genre de bouquin. »

« Oui, j'aime faire du sport, pas *lire* du sport. »

Elle s'est levée et m'a donné une tape fraternelle sur l'épaule – du genre qui ne fait pas mal du tout : « Je sais, je sais... Mais si tu te retrouves un jour dans le rôle du lanceur ou dans une situation comparable, ça t'aidera peut-être de te rappeler comment Billy s'en est sorti. »

C'est adorable.
J'ai fait un signe de la main dans l'espoir de la voir partir, mais elle est restée plantée sur le seuil.
«Il faudra bien que tu commences à lire un jour, tu sais, a-t-elle insisté. Qu'est-ce que tu feras le jour du grand exposé?»
Je me suis raidi. Le grand exposé devait être présenté à la fin de l'année, et pour ça, il fallait avoir lu une montagne de livres. Même s'il restait encore quelques mois, rien qu'à cette idée, je me sentais parcouru de sueurs froides.
J'ai essayé de chasser mon angoisse. «Pourquoi faut-il que tu rompes le charme de ce merveilleux instant de complicité entre frère et sœur?»
«Je te le dis, c'est tout...»
«Merci d'avoir lu le livre, Megan.» J'étais sincère.
«Pas de problème, a-t-elle répondu, sincère elle aussi. Je rédigerai un résumé détaillé demain, quand je l'aurai fini, si tu en as besoin.»
«Oh oui, j'en ai besoin!»
Elle m'a donné une pichenette sur le lobe de l'oreille, puis elle est sortie.

30

La semaine suivante a passé comme un rêve – en supposant que les rêves durent quelques secondes et qu'il s'y déroule une foule de choses. En voici un rapide résumé.

Dimanche : Megan a assuré à fond pour moi. Elle a fini *Le Pacte de Billy* en à peine deux heures – comment fait-elle ? – et m'a donné un super résumé de l'histoire. J'ai commencé à rédiger mon devoir, qui est pour vendredi, parce que je voulais m'en débarrasser au plus vite. Mais je n'arrivais pas à me concentrer sans mon portable pour envoyer des textos à mes copains et sans ordi pour écrire des mails – mon père m'a coupé le wi-fi.

Les adultes ne se rendent pas compte mais nous, les ados, on a besoin de faire cinq ou six trucs en même temps que nos devoirs. Sinon, on est tellement concentrés sur notre travail qu'on ne peut pas se concentrer sur notre travail.

J'ai mis environ cinq heures à rédiger un devoir qui, normalement, m'aurait pris deux heures. Mais j'ai réussi à le finir, et ensuite, je n'y ai plus pensé pendant toute la semaine.

NOTE AUX PARENTS : notre futur succès scolaire, social et économique dépend de notre capacité à rédiger des SMS, des mails, à consulter Facebook et à appeler nos amis toutes les quinze secondes pendant que nous sommes en train de faire nos devoirs. Si en plus on peut jouer à *Call of Duty* en même temps, c'est encore mieux. Si vous voulez qu'on apprenne à se concentrer, ne nous privez pas de nos distractions.

31

Lundi matin : en arrivant au collège, j'ai été accueilli par la vue d'Eliza Collins qui est accourue vers moi avec l'air d'avoir gagné au Loto.
«T'es au courant qu'Hannah Spivero sort avec Timmy McGibney ?»
J'ai hoché la tête et j'ai à peine eu le temps de faire deux pas que Jake Katz s'est précipité vers moi avec l'air d'avoir acheté le billet de Loto avec Eliza.
«Tu sais qu'Hannah Spivero et Timmy McGibney sortent ensemble ?»
Nouveau signe de la tête, puis Pete Milano m'a sauté dessus et m'a enfoncé ses doigts dans les côtes. «Hé, c'est ouf ! Hannah Spivero et Timmy McGibney !»
Euh, c'est trop tard pour faire un mot d'absence ?
Lundi après-midi : tout le collège s'est éclaté à me regarder regarder Timmy et Hannah s'asseoir ensemble à la cantine.
La seule qui m'ait manifesté un peu de sympathie est Katie Friedman.
«Les hommes…» a-t-elle lâché avec un soupir, au moment où nous déposions nos plateaux. Tout le monde sait que Katie est très suspicieuse et prompte à juger dès qu'il s'agit du sexe opposé.

« Les femmes… » j'ai répondu.
Elle a ri : « Ça va ? »
À n'importe qui d'autre, j'aurais menti.
Mais à Katie, j'ai dit : « Pas trop, non. »
Elle a pris ma main une seconde, puis l'a lâchée avant de dire : « Sais-tu que la durée de vie moyenne d'une relation entre collégiens est de neuf jours ? »
Katie Friedman est quelqu'un de bien. Elle méritait un sourire, alors je me suis forcé.
« Plus que sept jours à tenir, alors. »

32

Mardi après-midi : en cours d'anglais, ça allait mieux, et j'ai compris que Mme Ferrell n'avait pas découvert notre petit arrangement, à Timmy et à moi. Puis, à la fin du cours, elle m'a demandé mon exposé, alors qu'il n'était à rendre que trois jours plus tard.

J'ai senti la sueur couler sur mon front. « Mais… c'est pour dans trois jours. »

« Je sais, Charlie. Je veux juste savoir où tu en es. »

« Mais… j'ai à peine commencé. »

J'ai terminé, bien sûr, mais elle n'avait pas besoin de le savoir. Surtout que, le vendredi précédent, je lui avais dit que j'étais « presque à la moitié » du livre, ce qui, tout le monde le sait, signifie « je ne l'ai pas encore commencé ». Si je lui avais montré mon devoir, elle se serait demandé comment j'avais fait pour lire aussi vite, moi d'ordinaire si lent.

J'ai jeté un œil à Timmy, qui était assis au fond de la classe, en train de griffonner sur son agenda tout en profitant du spectacle, et soudain, j'ai eu un flash : la vérité !

« En fait, le devoir est sur mon ordinateur, chez moi. »

Elle m'a tendu son portable. « Appelle ta mère pour lui demander de l'apporter après les cours pour qu'on puisse le relire ensemble. »

Manque de bol, ma mère a une réunion parents-profs tous les mardis dans la salle des profs !
Pourquoi faut-il qu'elle soit si impliquée dans la vie du collège et si soucieuse de mes résultats ?
Pourquoi n'est-elle pas plutôt comme ces mères qu'on voit à la télé et qui laissent leurs enfants passer la nuit au centre commercial ?
J'ai fait *gloups* : « D'accord. »
Timmy a gloussé et m'a montré son dessin : moi dans la niche de Moose.

Mardi, fin d'après-midi : les choses n'allaient pas mieux du tout. Au contraire, elles empiraient.
En allant voir ma mère en salle des profs, j'ai croisé M. Radonski, un ancien caïd du collège qui a trouvé le job idéal : prof de gym.
« JACKSON ! » Ce mec ne connaît pas les prénoms.
« Oui, monsieur Radonski ? »
« Si je te vois encore une fois avec le mauvais short de gym, je te fais faire des pompes jusqu'à ce que tu ne puisses plus respirer. »

« C'est bon à savoir, monsieur Radonski. »
« JACKSON !!! »
« Oui, monsieur Radonski ? »
« Arrête de jouer les grands sages. »
« J'arrêterai de jouer les grands sages quand vous arrêterez d'employer ce genre d'expression. » (Je ne l'ai pas dit, mais j'en mourais d'envie.)
Il a fini par me laisser partir, et je suis allé voir ma mère, qui m'a donné mon devoir. Ensuite, je me suis dirigé tout droit vers les toilettes et j'ai jeté la troisième, la quatrième et la cinquième page de mon devoir, pour ne garder que les deux premières.
Je suis allé dans la classe de Mme Ferrell, où je l'ai surprise en train de pleurer au téléphone.
Dès qu'elle m'a vu, elle a raccroché.
« Oh, Charlie ! Misty a le ventre ballonné, et je ne sais pas si elle va guérir. » Misty est son grand danois, et elle l'adore ; il y a des photos de sa chienne partout dans la classe.
« Le ventre ballonné ? C'est grave ? »
Elle s'est essuyé les yeux avec un mouchoir en papier : « Oui, ça peut l'être. »
Malgré mon émotion, j'ai saisi ma chance : « On peut peut-être remettre ça à plus tard. »
« Non, faisons-le maintenant, a-t-elle répondu en reniflant. Ça m'aidera à penser à autre chose. Montre-moi ce que tu as rédigé. »
Je lui ai donné mes deux pages. « Si je peux me permettre, madame Ferrell, pourquoi voulez-vous voir mon

devoir avant tous les autres ? » Elle s'est essuyé les yeux et m'a regardé pendant ce qui m'a paru environ une semaine.

« Parce que, pour une raison qui m'échappe, je t'aime bien, Charlie. Je veux que tu réussisses, que tu fasses de grandes choses. Mais j'ai l'impression que tu te contentes du minimum. Rien de plus, rien de moins. On dirait que tu ignores à quel point tu es intelligent, à quel point… – là, sa voix prend le ton qu'utilisent les adultes pour vous faire sentir plus coupable que jamais – tu es *spécial.* »

Elle s'est assise sur sa chaise en soupirant. « Si un professeur peut aider un élève comme toi à exploiter son potentiel, il peut s'estimer heureux et prendre sa retraite. » Elle a soupiré de nouveau avant d'ajouter : « C'est pourquoi j'ai décidé de m'occuper de toi. »

En passant l'heure suivante à relire mon devoir, mot par mot, je me suis rendu compte que Mme Ferrell était une super bonne prof. Puis elle a reçu un appel de son vétérinaire lui annonçant que Misty allait s'en sortir, mais qu'elle devait surveiller ce qu'elle mange. Folle de joie, elle s'est levée et s'est précipitée hors de la salle sans même me dire au revoir. Elle avait peut-être décidé de s'occuper de moi, mais pas autant que de son grand danois.

33

Mercredi : j'ai supplié Papa de me rendre mon portable. Papa a ri. J'ai supplié plus fort. Il a ri plus fort.
Jeudi : deux *profs* m'ont demandé si j'étais au courant, pour Timmy et Hannah. Franchement, ils n'ont rien de mieux à faire ?
Vendredi : Coco, qui souffrait d'indigestion, a fait ses besoins dans le salon. C'est moi qu'on a désigné pour nettoyer. J'ai rendu mon exposé. Ces deux faits n'ont aucun lien entre eux.
Week-end : puni, sans portable, sans Internet, sans télé, sans vie. Tout était si calme et ennuyeux que non seulement j'entendais le gazon pousser, mais je l'entendais se plaindre de n'avoir pas été assez arrosé. Soudain, j'ai éprouvé du respect pour les Amish. (Tu connais les Amish, non ? Ils vivent en Pennsylvanie et renoncent aux produits de première nécessité comme les voitures, l'électricité et les consoles de jeux vidéo.)
J'ai eu l'impression que ces quarante-huit heures duraient quarante-huit ans.

34

Les choses ont enfin fini par s'arranger lundi.

J'en avais terminé avec *Le Pacte de Billy*. J'avais pris le bon short pour le cours de gym. Mme Ferrell était de super bonne humeur parce que sa chienne Misty était tirée d'affaire et de nouveau prête à dévorer l'équivalent des ressources alimentaires d'un petit pays.

Et Hannah avait un minuscule bouton sur le front.

Et si la chance me souriait, en fin de compte ?

À la pause déjeuner, j'ai cherché Timmy. Je pense qu'il est temps de tout recommencer à zéro avec lui, et j'ai décidé d'oublier le passé. Je crois que c'est à moi de faire preuve de maturité. Après tout, Timmy est l'un de mes plus vieux copains. Bon, c'est vrai, il est allé rapporter des trucs sur moi à sa mère et il m'a poignardé dans le dos, mais ça peut arriver entre amis, non ?

***

Timmy a beaucoup changé depuis qu'il est avec qui tu sais, alors ça risquait d'être difficile d'arriver jusqu'à sa table.

Je crois que ce qu'il était en train de faire s'appelle « tenir une audience » – c'est-à-dire qu'il racontait pour la millionième fois le moment excitant, palpitant, où il avait enfin eu le courage de demander à Hannah de sortir avec lui, sans imaginer un seul instant qu'elle dirait OUI ! Quand il a eu terminé son édifiant récit, ses nouveaux amis ont failli applaudir.

Soudain, j'ai senti une vague de nausée me submerger.

Peut-être que, finalement, je n'avais pas envie de faire preuve de maturité. Et si je me dégonflais ? Mais non, j'ai ravalé ma fierté et je me suis assis.

Timmy m'a vu et m'a fait signe de le rejoindre, comme s'il était un empereur et moi un pauvre bougre de l'Ancien Régime convié à prendre un dernier bon repas avant d'être guillotiné.

« Eh, mais c'est Charlie ! »

Les nouveaux amis pour la vie de Timmy ont éclaté de rire, comme si Timmy était trop marrant.

Je lui ai tendu une glace. « Tiens. »

Il a levé vers moi un regard perplexe. « Qu'est-ce que c'est ? »

« Le calumet de la paix. »

Quelle volte-face ! Soudain, les copains de Timmy m'ont regardé avec dans les yeux quelque chose qui ressemblait à du respect. Peut-être qu'ils allaient me laisser la vie sauve, en fin de compte. J'imagine que c'est parce que la raison l'emporte parfois sur la sauvagerie qui sommeille en chacun de nous.

Timmy a vite compris que, présenté comme ça, il n'avait pas d'autre choix que d'accepter mon cadeau.
« Hum, merci », a-t-il dit d'un ton éloquent.
« Je t'en prie », ai-je répondu d'un ton non moins éloquent.

***

On s'est serré la main, et pendant qu'il déchirait délicatement l'emballage de sa glace, je me suis penché vers lui et j'ai murmuré : « Tu sais, si on laisse passer un peu de temps et que les choses reviennent à la normale, rien ne nous empêche de reprendre notre petit arrangement, comme avant. »
Timmy m'a regardé comme si je venais de briser sa crosse. « T'es OUF ? Tu veux passer le restant de tes jours dans une école militaire ? Pas moi ! »
Aïe... Le contrat qui nous liait était officiellement arrivé à expiration. Ce qui signifiait que j'allais devoir élaborer un nouveau plan d'ici peu.
L'heure du grand exposé approchait.

35

Nous atteignons la moitié de cet ouvrage. Faites venir la fanfare.
(Je t'ai dit qu'Hannah était experte dans l'art de faire tourner les bâtons de majorette ?)

TROISIÈME PARTIE

SI TU N'ARRIVES PAS À LIRE DU PREMIER COUP, N'INSISTE PAS.

36

Avant d'aborder la suite de notre histoire, il faut que je te parle de ma profonde aversion pour la lecture, et de ses origines.
Ça explique beaucoup de choses et t'aidera à comprendre la suite.
Ça remonte à une expérience de lecture traumatisante, à un événement très précis de ma petite enfance.
Je vais tout te raconter.

37

Je pense que c'était le jour de mon sixième anniversaire (j'ai essayé de fixer ça dans ma mémoire, mais les détails m'échappent).

Mon père, qui a lu à peu près un milliard de livres – on dit que les chiens ne font pas des chats, mais dans mon cas rien n'est plus faux –, s'imaginait que j'allais devenir un écrivain mondialement connu.

Je pense que ça a peut-être à voir avec le fait que lui-même voulait devenir écrivain, mais est finalement devenu avocat. « Au moins, je rédige des rapports », dit-il parfois, même si je ne sais pas très bien ce qu'est un rapport. En tout cas, il croyait dur comme fer que j'étais un écrivain-né. Qu'il me suffisait de faire appel à mon talent naturel et de laisser s'exprimer mon imagination pour donner de l'urticaire à tous les super-héros du monde.

Mais dans le plan génial de Papa, avant de devenir un grand écrivain, il fallait que je devienne un grand lecteur. J'étais donc un petit garçon de bientôt 6 ans tout à fait normal. J'ai mis environ onze mois à préparer mon anniversaire – y compris ma tentative ratée de me faire offrir des cadeaux pour mes 5 ans et demi –, puis, enfin, le grand jour est arrivé.

Dire que j'étais excité est un peu comme dire qu'Einstein savait faire les additions. Des images de trampolines et de rollers plein la tête, je courais autour de la maison en criant : « C'est mon anniversaire ! C'est mon anniversaire ! C'est mon anniversaire ! »

Soudain, mon père est apparu sur le seuil de la porte, des paquets plein les bras.

C'est mon anniversaire !

Comme je m'élançais vers lui, j'ai vu plein de cadeaux sortir des sacs. J'ai commencé à en ouvrir un et mon père m'a dit : « Pas maintenant, Charlie ! Attends que tout le monde soit là. »

Tu imagines la suite…

Devant tout le monde, y compris Moose (nous n'avions pas encore Coco, à cette époque), j'ai ouvert un par un tous les paquets – et découvert les œuvres complètes de Mark Twain, de Roald Dahl et de Matt Christopher.

Soyons clairs : je n'ai rien contre eux, mais que je sache, aucun n'a jamais fait de roller. Ou construit – ni même possédé – un trampoline.

Après avoir déballé le dernier cadeau, j'ai fait ce que tout enfant de 6 ans normalement constitué aurait fait. J'ai éclaté en sanglots et j'ai couru me réfugier dans ma chambre.

Depuis ce jour-là, j'éclate en sanglots et je cours me réfugier dans ma chambre dès que j'entends le nom de Mark Twain.

38

P.-S. : Une précision : au lieu d'« expérience de lecture traumatisante », je devrais parler d'« expérience de lecture imminente ».
Je crois que l'expression « expérience de lecture traumatisante » est ce qu'on appelle un pléonasme.

39

Alors, où en étions-nous ?

Durant le mois qui a suivi, il s'est passé beaucoup de choses.

Timmy et Hannah ont cassé, au bout de neuf jours exactement (merci Katie Friedman, la-fille-qui-a-toujours-raison). En fait, Hannah, généreuse comme elle était, était sortie avec Timmy pour l'aider à garder la face après cette histoire d'équipe de hockey avec Eliza. J'imagine qu'après neuf jours, elle a estimé que sa réputation était complètement restaurée.

La conséquence directe de cette rupture n'a pas tardé à se faire sentir. D'un seul coup, j'avais beaucoup moins mal à l'estomac, aux poumons, au foie et au cœur.

Entre temps, Eliza sortait avec Ricky Summers, dont les longs cheveux blonds, exceptionnellement beaux, compensaient un peu le manque de personnalité.

Et Katie était toujours ma meilleure amie en secret, même si je la trouvais de plus en plus *space*. Elle a commencé par annoncer qu'elle allait se faire nonne – ce qui est un peu douteux, vu qu'elle est juive – avant de reconnaître qu'elle avait dit ça parce qu'elle trouvait qu'il n'y avait pas un seul mec valable dans le monde entier. Ensuite, elle a expliqué qu'une psychothérapie bien adaptée pouvait transformer en mec idéal le type le plus tordu et le plus paumé, et qu'elle était le genre de fille à relever ce défi.

Jake Katz a découvert le site web d'une femme qui a lu un livre entier par jour pendant un an, et il a décidé qu'il voulait faire la même chose un jour (plutôt mourir !).

Mme Ferrell a amené Misty à l'école, le jour où c'était autorisé – mais à elle seule, visiblement. Elle a commencé à manger le tableau blanc (Misty, pas Mme Ferrell).

Quant à moi, j'ai eu un B+ à mon devoir sur *Le Pacte de Billy* (en guise de commentaire, Mme Ferrell a écrit : *C'est un début*).

J'ai récupéré mon portable.

Et mon ordinateur.

Et mon amulette vaudou.

C'est toujours un peu risqué quand je récupère mon amulette vaudou.

BON PLAN DE CHARLIE N° 16

LE SPORT EST TOUT AUSSI IMPORTANT QUE LA LECTURE.

Quand on y réfléchit, on s'aperçoit qu'il y a une foule de choses à apprendre sur un terrain de sport.

1. Noter les scores (maths).
2. Développer l'esprit d'équipe.
3. Apprendre à taper dans un ballon (physique).
4. « On a gagné, les doigts dans le nez
   On a perdu... » (poésie).
5. Calculer sa vitesse moyenne à la course ou son pourcentage de tirs réussis au foot (statistiques, une discipline qui fait partie des maths, apparemment).

40

Une semaine plus tard environ, un beau matin, moi et mon amulette vaudou sommes allés disputer un match à l'extérieur. On a été bons, pas top – tous les meilleurs joueurs avaient été recrutés par les clubs très chics, et ultrafriqués (aujourd'hui, les athlètes juniors jouent presque autant que les professionnels. C'est ouf). Mais l'herbe était verte, le ciel bleu, le marbre blanc et c'était une journée idéale pour faire du sport.

Mes parents étaient là, avec les chiens, bien sûr (Moose et Coco sont des méga-fans de baseball, surtout parce qu'ils récupèrent les restes de hot-dog jetés par les spectateurs).

Nous menions 4 à 3 au début de la neuvième manche. J'ai fait appel au champion qui sommeille en moi afin de faire gagner mon équipe, mais je me suis retrouvé face à Jeff Kleiner, le n° 9, qui quittait le banc de touche pour la première fois de la saison. (Je ne sais pas pourquoi, mais je tombe toujours sur ce genre de mecs. «Ne te laisse pas impressionner!» comme dit mon entraîneur. Plus facile à dire qu'à faire.)

Ensuite, leur premier frappeur est arrivé, un gars petit mais super rapide, appelé Andrew.

«Vas-y, fonce!» a crié mon père.

« Frappe ! » a crié son père.

« Taisez-vous ! » ont répliqué les deux mères.

J'étais en train de dévisager Andrew et de rêver de gloire. Je commençais à me dire qu'il fallait que j'élimine le mec en face de moi, et j'aurais donné n'importe quoi pour y arriver.

Ça a provoqué un déclic, quelque part dans ma tête. Qui a dit « Je suis prêt à tout pour gagner ce match » ? Quelqu'un que je connais, un autre lanceur… je n'arrivais pas à me rappeler qui c'était.

Je faisais tourner la balle dans ma main, en fixant le petit Andrew qui courait à toute vitesse, quand, soudain, je me suis souvenu.

Je me suis rendu compte que la personne que j'essayais de me rappeler était Billy.

Oui, c'est ça. Le Billy du *Pacte de Billy*.

Aïe…

***

C'est fou. Alors, c'est ça, s'identifier au personnage d'un livre !

En effet, j'ai commencé à songer à Billy comme s'il s'agissait d'une personne réelle. Qu'aurait fait Billy à ma place ? Aurait-il eu suffisamment confiance en lui pour gagner ? Ou aurait-il senti tous ses doutes et ses peurs resurgir, le faisant trembler de tous ses membres ?

Billy aurait-il été un héros porté hors du terrain par ses équipiers, ou un pauvre loser, qui finit la soirée au fast-food pour noyer son chagrin dans un grand Seven Up ?

C'est alors que je me suis rappelé ma conversation avec Megan, qui avait prévu ce qui était en train de m'arriver. J'aimerais bien savoir comment des gens comme ma sœur et Katie font pour avoir raison tout le temps ! Mais souviens-toi : alors que j'avais juré de ne lire que le premier et le dernier chapitre, voilà que, tout à coup, je me comportais comme... comme... un lecteur ! Oui, j'étais en train de penser au livre, pire encore, à l'histoire qu'il racontait et – là, mon cœur a manqué un battement – qui ne m'était pas indifférente.
Que m'arrivait-il donc ?
Je ne vais pas te mentir : j'ai eu peur.

Alors, je me suis secoué et suis redescendu sur terre. Je devais encore affronter Andrew. Après avoir rejeté l'idée du receveur, qui me suggérait de tenter une balle papillon ou une balle courbe – surtout parce que, comme nous le savons tous deux, je ne savais lancer ni l'une ni l'autre –, j'ai lancé ma meilleure balle rapide.

«TCHAC!»

J'ai eu l'impression qu'Andrew fonçait entre les voltigeurs du champ centre – il allait y arriver, c'était certain…

Mais tu sais quoi? Tout à coup, surgi de nulle part… j'ai vu Jake Katz, voltigeur du champ droit et lecteur acharné, qui avait oublié ses bouquins suffisamment longtemps pour courir vers la balle… remonter ses lunettes sur son nez… la suivre et… faire un magnifique plongeon pour l'attraper et sauver le match!

C'était de la bombe de balle! Inutile de dire que c'est Jake qui a eu son quart d'heure de gloire, comme Billy. C'est lui qu'on a porté hors du terrain, pas moi. Je n'étais ni un héros ni un loser.

J'étais juste un mec qui avait réussi à échapper à la fois à l'humiliation et à la lecture.

BON PLAN DE CHARLIE N° 17

LA LECTURE REND AVEUGLE.

Montre-moi un élève qui n'a que des bonnes notes, et je te parie qu'il a des lunettes.
Non, sérieusement, je dirais que dans 100 % des cas – ou au moins 90 –, les élèves les plus intelligents ont une mauvaise vue.
La raison? C'est très simple : il y a trop de petits mots dans une page de livre.
Pas besoin d'être ophtalmo pour savoir qu'une personne qui se sert trop de ses yeux pour lire les use plus vite qu'une personne qui les utilise pour des activités moins fatigantes – par exemple en les fermant pendant les cours de sciences.
J'ai 10/10 à chaque œil, alors tu peux me croire : si tu ne veux pas te retrouver avec des binocles, laisse tomber la lecture.

41

Plus que six semaines d'école.
Ça signifie une chose : GRAND EXPOSÉ – le mot si REDOUTÉ qu'aucun élève de mon collège n'a envie d'entendre.
Le grand exposé, c'est le moyen qu'a trouvé Dieu pour dire : «Avant de pouvoir savourer la douceur de l'été, il faut que tu souffres encore.»
Il s'agit de choisir un sujet – la délinquance, par exemple, ou l'obésité juvénile ou encore le tabagisme au cinéma –, et de faire des tas de recherches (c'est-à-dire lire un tas de livres) pour présenter un devoir de six pages À L'ORAL, EN CLASSE, ET DEVANT TOUS LES PROFESSEURS.
Tu parles d'une punition !
La situation était grave. Après le choc que j'avais ressenti pendant le match, quand l'histoire du *Pacte de Billy* m'était revenue, et à l'approche de la menace du GRAND EXPOSÉ, il fallait réagir, et vite !
Alors naturellement, la veille de la date-limite pour le choix du sujet, j'étais dans la chambre de Megan, allongé sur son lit au milieu de ses peluches (pourquoi les filles aiment-elles tant les animaux en peluche ?), la suppliant de me venir en aide.

Elle a commencé par dire : «Je t'avais prévenu, mais tu ne m'as pas écoutée.»
Elle ne m'a pas vraiment remonté le moral en me racontant que préparer son exposé était la chose la plus difficile qu'elle ait jamais eu à faire de toute sa vie – pire encore que les autres choses difficiles qu'elle avait eu à faire dans sa vie, comme par exemple dire au capitaine de l'équipe de foot du lycée, un type obèse et un peu fou, que malgré ses passages répétés devant notre maison destinés à prouver son amour, elle n'était toujours pas décidée à sortir avec lui.

Alors que, de plus en plus nerveux, j'étais en train de faire sauter l'un de ses nounours dans mes bras, je lui ai raconté ce qui s'était passé sur le terrain de baseball avec *Le Pacte de Billy*.
Tout ce qu'elle a trouvé à dire, c'est «Trop top! Jake Katz a sauvé le match!»
C'est alors que j'ai remarqué un livre sur son bureau : *Cliques et doubles clics*.
Même si je déteste les livres, je dois reconnaître que celui-ci avait un titre assez intéressant.
«Ça parle de quoi, ce livre?»
Megan me l'a lancé : «Lis-le, et tu le sauras.»
«Non, sérieux...»
Elle l'a repris. «C'est un super bouquin qui explique pourquoi les clans qui se forment au collège sont un véritable fléau, et il montre à quel point c'est difficile

pour les profs et les conseillers d'orientation de lutter contre ce phénomène.» Elle a ouvert son ordinateur portable : «Je dois rédiger un devoir sur le sujet.»

D'ordinaire, je fuis dès qu'on commence à parler agenda et devoirs, mais tout à coup, une ampoule s'est allumée dans ma tête.

Clans… Garçons… Filles.

Eurêka !

Soudain, un plan parfaitement abouti, merveilleux et absolument génial s'est matérialisé dans mon cerveau.

«J'ai trouvé !»

J'ai lancé le nounours en peluche de Megan sur le lit, si fort qu'il a heurté sa girafe, sa tortue et deux de ses petits pingouins.

42

Le lendemain, j'ai trouvé Timmy dans le hall avec deux ou trois mecs qui avaient décidé de rester ses amis même s'il s'était fait larguer par Hannah. (Ils croyaient sans doute qu'elle allait changer d'avis et voulaient être présents au moment où elle reviendrait vers lui.)

Je l'ai appelé.

«T'as une minute, Timmy ?»

«Ouais.»

Je l'ai attiré dans une salle de cours vide, afin que personne ne puisse nous entendre.

«Faut que je te parle d'un truc.»

«De quoi ?»

La partie n'était pas gagnée, mais il fallait que je sois franc avec Timmy. J'avais besoin de lui à mes côtés.

«Tout le monde sait que tu es sorti avec Hannah pour te venger de moi.»

Timmy a pris l'air vexé : «N'importe quoi !»

J'ai enfoncé le clou : «Et Hannah est sortie avec toi parce qu'elle avait pitié de toi.»

Cette fois-ci, Timmy a regardé ses chaussures.

J'ai insisté : «Tu sais bien que c'est la vérité. Elle est comme ça. Elle n'est pas comme les autres. Elle aime faire plaisir et elle se fiche de ce que pensent les gens.»

Timmy a réfléchi. Il est très populaire au collège, mais il sait qu'Hannah ne s'intéresse pas à lui. Un sentiment que je ne connais que trop bien.
« C'est ça qui est bien, chez elle », j'ai ajouté.
Timmy a soupiré, et il n'a pas eu besoin de dire quoi que ce soit. Je savais qu'il ne me contredirait pas.
Au lieu de ça, il a demandé : « Qu'est-ce que tu veux ? »
« Que Jake et Hannah sortent ensemble. »
Tu connais l'expression « Les yeux lui sortaient de la tête » ? J'ai toujours trouvé que c'était vraiment exagéré, jusqu'à ce que je découvre le visage de Timmy.
« Non ? »
« Si ! »
« Tu rigoles ? »
« Pas du tout. »
Timmy a pris une profonde inspiration. Il avait eu des hauts et des bas cette année, sans aucun doute – héros de la cour de récré un jour, mec normal le lendemain – et cette histoire avec Hannah aurait bien pu être la goutte d'eau qui fait déborder le vase.
« Pourquoi ? C'est Jake qui te l'a demandé ? Parce qu'elle est sortie avec moi, tous les mecs croient qu'ils ont leur chance ? » Pendant une seconde et demie, Timmy a gardé le silence. Puis il a posé la seule question qui s'imposait : « Pourquoi ? »
Alors je lui ai expliqué : « Tu sais, c'est le moment de choisir son sujet pour le grand exposé. Moi, j'ai décidé d'écrire sur les ravages causés par les clans dans les collèges. Si j'arrive

à faire en sorte qu'Hannah et Jake sortent ensemble, je prouverai que deux personnes très différentes sont capables de résister à la pression de leurs clans respectifs pour faire leur propre choix.» (En réalité, c'est Hannah qui sentira la pression. Jake ne sentira rien d'autre que les grandes claques dans le dos de ses copains étonnés et ravis.)

«Mais je croyais qu'elle sortait encore avec James?» a risqué Timmy, qui cherchait la faille dans mon plan.

Il avait raison. James est lui-même un véritable défi pour les clans, une de ces bizarreries de la nature qui font du théâtre et du sport et réussissent dans les deux. Les filles l'ADORENT.

James et Hannah sortaient ensemble depuis deux semaines environ, ce qui signifie qu'ils avaient dépassé la date limite de neuf jours indiquée par Katie Friedman, mais selon la rumeur, la rupture était proche.

«Ça ne durera pas, crois-moi», j'ai dit.

Timmy m'a jeté un regard soupçonneux, comme s'il savait que je mijotais quelque chose.

«J'ai l'impression que tu ne me dis pas tout...»

Je connais Timmy depuis longtemps. Nous avons vécu pas mal de choses ensemble.

J'ai baissé la voix : «Bon, écoute... Tu te souviens de notre arrangement?»

Timmy s'est léché les lèvres – il pensait sans doute à des glaces gratuites. «Oui, et alors?»

«Depuis qu'on s'est fait piquer, j'ai essayé d'imaginer un nouveau plan.»

Soudain, il a compris où je voulais en venir, et s'est contenté de hocher la tête d'un air incrédule. J'ai fait semblant de ne rien remarquer et j'ai ajouté : « Eh bien, j'imagine que Jake sera si content de sortir avec Hannah qu'il ne pourra pas me refuser un petit service. »
Timmy connaissait déjà la réponse à la question qu'il s'apprêtait à poser, mais il l'a posée quand même : « Quel service ? »
« Lire tous les livres qu'il faut lire pour rédiger mon grand exposé. »
Comme Timmy restait muet, j'ai rompu le silence : « Alors ? qu'est-ce que t'en penses ? C'est génial, non ? »
Timmy a laissé échapper un sifflement avant de déclarer : « Si je comprends bien, tu es prêt à sacrifier la fille dont tu es amoureux depuis la crèche, celle qui t'a rendu si jaloux en sortant avec moi que tu n'en as pas dormi pendant deux semaines, celle que tu as l'intention d'épouser un jour, avec ou sans son accord... et à la jeter dans les bras de Jake Katz, juste pour éviter de lire quelques bouquins ? »
« Oui. »
En le voyant éclater de rire et se gratter la tête, je me suis soudain demandé ce que je ferais s'il me disait que mon idée était nulle.
Mais ce n'est pas ce que pensait Timmy. En fait, il avait sa propre idée sur la question.
« Au lieu de faire ton coup par derrière, pourquoi tu vas pas leur dire à tous les deux que tu fais ça pour ton

exposé ? a-t-il suggéré. Comme ça, ils pourraient participer à ton expérience et se prendraient sans doute au jeu. »

Je l'ai regardé d'un air étonné : « Tu crois ? »

Timmy a acquiescé. « Oui. Hannah adore surprendre les gens. Comme tu l'as dit, elle n'est pas comme les autres. Je l'ai compris dès le début de notre relation. »

J'ai songé que le mot « relation » était peut-être un peu exagéré pour décrire les brefs instants qu'ils avaient passés ensemble, mais pourquoi relever alors que Timmy se montrait aussi coopératif ?

« J'appellerais pas vraiment ça une relation », j'ai dit.

Parfois, on ne peut pas s'empêcher de dire certaines choses.

BON PLAN DE CHARLIE N° 18

SI TU DOIS VRAIMENT LIRE, CHOISIS UN LIVRE SUR LES FILLES. ÇA T'AIDERA À MIEUX LES COMPRENDRE.

Nous savons tous à quel point lire peut se révéler pénible. Alors si tu y es obligé, au moins fais en sorte que ça te serve à quelque chose.
Or il est très utile d'apprendre à parler aux filles.
C'est pourquoi tu ne devrais lire que des livres dont c'est le sujet principal. C'est une excellente manière de découvrir ces créatures mystérieuses et fascinantes.
(Je précise que ce conseil s'adresse en premier lieu aux garçons. J'imagine que l'inverse est également vrai pour les filles, mais en fait j'en sais rien.)

43

Tant qu'elle est populaire, Katie Friedman ne se soucie pas d'être populaire.
Ce qui signifie qu'elle s'en fiche d'être branchée ou cataloguée comme telle. Elle est appréciée de beaucoup de gens très différents, parce qu'elle a toujours quelque chose de pertinent à dire sur le comportement des autres, qu'elle est généreuse et qu'elle ne juge personne. (Maintenant que j'y pense, elle fera sans doute une bonne thérapeute, plus tard.)
En tout cas, elle a un petit cercle d'amis qu'elle aime beaucoup, une bande d'intellos qui ont les mêmes centres d'intérêt qu'elle – c'est-à-dire, un total manque d'intérêt pour tout ce qui intéresse les autres et une fascination totale pour des choses dont tout le monde ignore l'existence.
Le lendemain de ma conversation avec Timmy, j'ai surpris Katie et ses amis en pleine discussion : pourquoi le casting original du film *Chicago*, sorti à Broadway en 1975, avec Gwen Verdon et Chita Rivera, était-il de loin supérieur au casting du *Chicago* de 1996, avec Bebe Neuwirth et Ann Reinking, alors que le remake avait eu plus de succès que l'original ?
Si je connaissais ce sujet dans les moindres détails, c'est parce que c'était la dix millième fois que j'assistais à ce

débat, et non parce qu'il s'agissait du type d'information que j'avais besoin de connaître ou que je désirais connaître – moi ou tout autre collégien, d'ailleurs.
Je savais que Chicago se trouvait dans l'Illinois, et ça me suffisait.
C'est pourquoi je ne me suis pas du tout senti coupable de les interrompre grossièrement : « Katie, il faut que je te parle. Tout de suite ! »
Katie a levé les yeux de son thé – une boisson que les collégiens boivent pour faire comme les lycéens qui, eux, la boivent pour faire comme les étudiants – et, comme d'habitude, elle m'a accordé la priorité.
Cette fille pourrait donner des leçons d'amitié.
« Viens par ici », a-t-elle dit en se dirigeant vers la Zone interdite.
(Autrefois, quand notre collège était un lycée, la Zone interdite était le coin fumeurs de la cafétéria. C'est encore un endroit un peu glauque, c'est pour ça que personne n'y va jamais.) Elle a pris une chaise pour elle et une pour moi. « Dans quelle galère tu t'es encore fourré, mon vaurien préféré ? »
Je sais pas trop ce qu'elle voulait dire par « vaurien », mais comme elle avait aussi dit « préféré », j'ai laissé tomber.
« Zéro galère. »
Elle a ri. « Tu ne viens jamais me voir, sauf quand tu as des problèmes ou que tu mijotes un sale coup. Alors balance ! »
J'ai acquiescé. « C'est vrai. Mais comme je t'ai dit, je suis pas en galère. »

Elle m'a regardé d'un air horrifié. «Oh non! C'est pas le moment de comploter quoi que ce soit. Pour l'instant, il faut que tu te tiennes tranquille et que tu respectes les règles.»

T'ai-je dit que Katie était la seule personne au monde à savoir absolument tout de moi? Que j'ai sucé mon pouce jusqu'à 7 ans, que j'ai eu peur du noir jusqu'à 9, que j'ai refusé de rester dormir chez des copains jusqu'à... euh... jusqu'à maintenant, et que notre arrangement, à Timmy et à moi, avait tenu deux ans, jusqu'à ce qu'il gâche tout en me balançant avant de sortir avec Hannah?

Katie savait tout ça. Elle savait même que le simple nom de Mark Twain pouvait me faire pleurer.

Alors, visiblement, elle savait de quoi elle parlait quand elle m'a conseillé d'arrêter tout de suite de faire ce que j'étais sur le point de faire.

Mais, comme d'habitude, je ne l'ai pas écoutée.

«Je veux que Jake Katz et Hannah sortent ensemble. Tu crois qu'elle sera d'accord? Elle aime bien choquer les gens, non?»

Elle m'a regardé, puis a dit : «T'es débile ou quoi? Tu te souviens pas de ce qui s'est passé quand tu as parlé de Timmy à Eliza?»

«Cette fois-ci, c'est différent.»

«Ah oui? Et pourquoi?»

«T'inquiète, je t'expliquerai plus tard.»

Katie a soupiré. Elle m'a regardé comme si elle se trouvait au bord d'une falaise, que j'étais l'eau, en contrebas,

et qu'elle n'arrivait pas à décider si elle devait sauter ou non.
Finalement, elle a répondu : «Je ne veux pas savoir.»
«Ce que je voulais te demander, c'est : est-ce que tu crois que je dois donner quelque chose à Hannah pour la convaincre ? Je sais pas, moi, quel cadeau je pourrais lui faire pour qu'elle accepte de faire alliance avec moi ?»
Katie a réfléchi pendant environ huit secondes avant de suggérer : «Elle adore les Beatles, non ? Si tu veux vraiment être certain qu'elle t'aidera, donne-lui une de tes babioles collector sur les Beatles. Ça devrait marcher.»
Pas de question. Pas de jugement. Juste la bonne réponse.
Je l'ai serrée dans mes bras et, alors qu'elle s'apprêtait à rejoindre ses amis, elle s'est retournée et m'a dit : «Sois prudent.»
Voilà pourquoi Katie Friedman est géniale.

***

Et le reste ? Ce que j'avais promis de lui expliquer plus tard, justement ? Comment faire pour convaincre Jake de lire des livres à ma place ?
Je n'ai jamais expliqué à Katie comment je comptais m'y prendre pour obtenir ce résultat.
Et quand elle l'a découvert, il était trop tard.

44

Le lendemain, à la pause de midi, Hannah Spivero était en train de finir sa troisième crème au chocolat quotidienne – quand je te dis qu'elle est parfaite ! – quand je me suis assis près d'elle.

Je suis allé droit au but : «Toi et James, c'est fini, hein ?»

Elle a ri. «Ouais. Il est génial, mais ça n'a pas marché entre nous.»

Je n'étais pas sûr de comprendre, mais je n'avais pas vraiment le temps d'y réfléchir.

«Tu es avec quelqu'un d'autre ?»

«Pas en ce moment. Pourquoi, t'es intéressé ?»

Je sais, ça peut paraître méchant car évidemment, elle sait très bien que oui, mais ce n'était pas le cas. On joue toujours à ce jeu débile, tous les deux : elle fait semblant de me draguer et moi, j'ai pas le courage de lui répondre.

Mais cette fois, c'était différent. Ce n'était pas le moment de jouer. J'ai dit : «J'ai quelque chose à te demander.»

Elle a posé son pot de crème.

J'étais en train de lui révéler une facette de ma personnalité qu'elle ne connaissait pas. Business à fond. Sérieux, efficace, limite autoritaire. Bref, le mec au top.

«De quoi s'agit-il, Oncle Charlie ?»

D'habitude, j'aime pas trop qu'on me donne des surnoms, comme «Chaz», ou «Chuck» ou «Chuckles» ou encore «C. J.». Pourquoi ne pas m'appeler par mon vrai prénom, tout simplement? Mais quand Hannah a commencé à m'appeler «Oncle Charlie», ça m'a paru la chose la plus naturelle du monde. Comme une musique. Une douce musique…

Voilà que je me laissais distraire, une fois de plus!

J'ai pris sa main (c'est fou à quel point un homme désespéré peut se montrer courageux) et j'ai murmuré : «Je crois que tu devrais sortir avec Jake Katz.»

Perplexe, elle a froncé les sourcils. Elle ne savait plus quoi penser! C'était à coup sûr un bon point pour moi et pour mon plan. Chaque fois que je parviens à susciter une émotion, quelle qu'elle soit, chez Hannah, on peut vraiment parler de victoire.

«Et pourquoi?» a-t-elle demandé.

Je l'ai regardée droit dans ses yeux brillants et j'ai dit : «Parce que si tu acceptes, tu auras droit à mon amour éternel.»

«Ça, je l'ai déjà», a-t-elle rétorqué, comme si c'était la chose la plus évidente du monde. Elle avait raison.

Je me suis rappelé la suggestion de Katie, et même si ça me coûtait, je n'avais pas le choix. Hannah Spivero m'avait brisé le cœur il y a bien longtemps déjà. À moi de m'en charger tout seul, à présent.

J'ai soupiré, puis j'ai promis, la mort dans l'âme : «Écoute… Si tu fais ça pour moi, je te donnerai mon

33 tours collector des Beatles, tu sais, l'édition originale limitée de *Dead Babies.*»

Juste une brève explication : un jour, les Beatles ont sorti un album devenu célèbre sous le titre de *Dead Babies,* dont la pochette les montrait tous les quatre avec des morceaux de bébés sanguinolents dans les bras. Même s'il était évident que les bébés n'étaient pas des vrais, mais des poupées, les gens étaient super choqués et les Beatles ont dû changer la pochette du disque aussitôt. Du coup, très peu d'exemplaires ont pu être imprimés, mais j'ai la chance d'en posséder un – un cadeau d'anniversaire de mon père (qui essaie toujours de se faire pardonner le coup des œuvres complètes de Mark Twain).

Encore un truc que j'adore chez Hannah : elle aime les Beatles autant que moi, et elle aurait sans doute adoré avoir cet album, presque autant que moi.

«Waouh ! Tu te séparerais de ça juste pour qu'on croie que je suis amoureuse de Jake Katz ? Je ne comprends pas. Jake Katz ne m'intéresse pas. Alors pourquoi, tout à coup, je devrais accepter de sortir avec lui ? C'est presque aussi dingue que de vouloir faire croire que je suis tombée amoureuse de toi ! » a-t-elle ajouté avec un clin d'œil.

Aïe. Ça, ça m'a fait mal.

45

J'ai lutté avec courage, me rappelant en silence qu'un véritable héros continue de se battre même si tout est contre lui. « Ce n'est pas vrai. Comme chacun sait, j'ai toujours eu disons... un faible pour toi (un faible ? Je me moquais de qui, au juste ?), mais c'est possible que des gens croient qu'au fond de toi, tu pourrais aimer quelqu'un comme moi. Ou comme Jake. »
Elle a ri, et tout à coup, j'ai ressenti le besoin de faire machine arrière : « J'ai pas dit que c'était vrai, pas du tout, mais c'est pas impossible, non ? »
Hannah m'a regardé comme si elle regardait son avenir en pensant : « Je n'apprécie pas du tout ce mec qui fait le beau devant moi, mais c'est dans le domaine du possible qu'un jour, peut-être, dans cette vie-là, il ait une chance de me plaire. »
« Peut-être, oui », a-t-elle fini par avouer, me rendant une once de ma dignité.
Soudain, je me suis rappelé le conseil de Timmy : il fallait être franc et lui révéler la véritable raison de tout ça. Alors j'ai dit : « OK, je suis content qu'on ait réglé cette question. En fait, je vais choisir comme sujet de mon grand exposé le phénomène des clans, et expliquer comment les combattre. Je veux prouver que c'est

possible, et la meilleure manière de le faire est de montrer que quelqu'un comme toi peut sortir avec quelqu'un comme Jake.»

Hannah m'a regardé – je veux dire, regardé *vraiment*, sans doute pour la première fois depuis qu'elle m'a tiré la langue, il y a sept ans.

«C'est intéressant», a-t-elle lâché.

Note bien le jour et l'heure – le 14 mai à 11 h 44 – parce que, pour la première et peut-être dernière fois de ma vie, Hannah Spivero m'a trouvé, ou du moins, a trouvé ce que je disais intéressant.

Pendant ce bref et merveilleux moment, j'étais maître du jeu. C'était magique.

Mais elle s'est vite ressaisie : «Pourquoi tu m'as pas dit ça plus tôt? Ça m'a l'air d'être un bon plan. J'aurais accepté même sans le super disque des Beatles.»

Hannah Spivero possède l'étrange faculté de vous faire vous sentir heureux et triste en même temps.

«C'est d'accord, alors?»

«C'est d'accord.»

Pour une raison étrange, je lui ai tendu ma main et elle l'a serrée, comme si nous venions de conclure une affaire.

J'ai pris un air très sérieux pour souligner : «Je te demanderai juste de n'en parler à personne jusqu'à ce que j'aie rendu mon devoir.»

«Ce sera notre petit secret, a-t-elle répondu avec un clin d'œil. Tu me rends ma main?»

BON PLAN DE CHARLIE N° 19

SI TU DOIS VRAIMENT, ABSOLUMENT LIRE UN LIVRE, CHOISIS UN SUJET QUI TE PLAÎT.

Si tu es un garçon, tu apprécies sans doute les ouvrages consacrés au sport, aux espions, aux super-héros, à la survie en milieu hostile. Si tu es une fille, tu apprécies sans doute les ouvrages consacrés aux vampires sensibles et séduisants qui ont un faible pour les brunes. Si tu es Jake Katz, tu aimes les livres avec des mots dedans.

46

Jake Katz est vraiment sympa, malgré son amour pour les livres.
Sa mère, en revanche, est du genre agaçant. Elle aurait sa place dans ce que mes parents appellent «la pièce».
Je t'explique…
Ce sont mes parents qui ont inventé cette expression. Il s'agit d'un lieu imaginaire où ils mettent tous les adultes de leur connaissance qui parlent sans cesse d'eux-mêmes, ou de leur famille ou de leurs enfants, et qui n'arrêtent pas de répéter à quel point ils sont merveilleux sans même prendre le temps de vous demander comment vous allez.
Mes parents adorent l'idée de rassembler tous ces égocentriques dans une pièce et de les laisser déblatérer sans écouter ce que disent les autres parce qu'ils sont trop occupés à raconter leur vie.
La mère de Jake Katz n'est pas juste *dans* «la pièce», elle en est l'un des membres fondateurs.
C'est pourquoi ma mère n'était pas enchantée à l'idée de m'emmener chez Jake, ce vendredi après-midi là. Elle adore Jake – et pense bien sûr qu'en tant que lecteur assidu, il exerce une bonne influence sur moi –, mais elle n'aime pas trop écouter Mme Katz parler de sa maison

de campagne, de sa fille étudiante, de la récente promotion de son mari ou, plus globalement, du fait qu'elle a une famille extraordinaire.

Quand nous sommes arrivés, j'ai bondi hors de la voiture pour que ma mère puisse repartir au plus vite. Mais comme d'habitude, Mme Katz attendait sur le pas de la porte : « Claire, reste une minute, j'ai plein de choses à te raconter ! »

À peine avait-elle atteint l'allée qu'elle se la pétait déjà.

Ma mère a baissé la vitre et m'a fait signe : « C'est comme si j'avais une pancarte sur le front avec "*vas-y, raconte-moi ta life*" écrit dessus », a-t-elle murmuré, avant de sortir de la voiture et de saluer Mme Katz d'un grand sourire : « Alors, quoi de neuf ? » Elle est comme ça, ma mère. Gentille de nature.

Au moment où Jake et moi on disparaissait à l'étage, j'ai vaguement entendu Mme Katz parler du nouveau 4 x 4 qu'elle adorait littéralement et qui ne consommait pas trop, contrairement à ce qu'on pensait, ce à quoi ma mère a acquiescé en disant que c'était une super voiture.

***

Beaucoup d'intellos aiment bien parler de trucs d'intellos, comme les sciences et *Star Wars*. Jake, lui, n'est pas comme ça.

Il aime bien parler des filles. Beaucoup, même.

Mais ce qui est cool avec lui, c'est qu'il n'est pas du genre à se plaindre que les autres ne l'aiment pas. Il a plutôt

confiance en lui, comme s'il avait compris qu'il connaîtrait son heure de gloire plus tard dans la vie et que tout ce qui lui arrive maintenant n'a pas d'importance.
En cet instant, par exemple, il jouait au Scrabble en ligne et se fichait d'être (probablement) encore célibataire au moment de la fête de fin d'année.
«Au moins, si je vais seul à cette soirée, je ne me sentirai pas obligé de rester tout le temps avec ma cavalière, m'a-t-il confié. Si j'ai envie d'aller me chercher un verre de punch, j'irai me chercher un verre de punch. Si j'ai envie de discuter avec mes potes, je discuterai avec mes potes. C'est un vrai plus, de ne pas se sentir attaché à une femme.»
Quand Jake était parti sur un sujet, c'était difficile de l'arrêter, mais j'ai essayé quand même : «T'inquiète, c'est dans un mois. Il va se passer plein de trucs d'ici là. Le grand exposé, par exemple.»
«Ah oui, c'est vrai...» Ça l'ennuyait de parler devoirs, sans doute parce qu'il les faisait les doigts dans le nez. Mais moi, j'avais un calendrier à respecter. «J'ai choisi comme sujet les clans d'adolescents : comment ils se forment et pourquoi ils sont nuisibles pour les collégiens...»
Jake a reniflé : «Ça, c'est sûr qu'ils sont nuisibles! Les clans, c'est naze.» Le sujet le passionnait, et je comprenais pourquoi.
«Mon idée, c'est de montrer qu'on peut lutter contre les clans, et même les éliminer, à condition de s'en donner les moyens. Et je veux le prouver en montrant que

deux personnes de styles très différents peuvent sortir ensemble.»

Il m'a regardé. Il était trop malin pour ne pas comprendre que j'avais une idée derrière la tête.

«Tu penses à quelqu'un en particulier?»

«Oui, à toi et à Hannah…» J'ai retenu mon souffle.

Il a éclaté de rire : «C'est ouf! Je suis pas débile, mon pote. Je sais très bien comment ça fonctionne. Même si j'essayais pendant dix ans de sortir avec Hannah ou n'importe quelle fille vraiment cool, je suis presque sûr que ça ne marcherait jamais.»

«Tu te trompes. Ce qu'il y a de bien, avec Hannah, c'est qu'elle n'est pas comme les autres filles. Elle est différente. Et il se trouve que j'en ai parlé avec elle et qu'elle est à fond! Elle veut que tu lui demandes de sortir avec elle!»

«Tu parles…» a répondu Jake.

Alors j'ai insisté : «Ce sera trop top, mais attention : il ne faut dire à personne que c'était mon idée, comme ça on pourra observer la réaction des autres. Ensuite, j'analyserai tout ça dans mon exposé.»

Jake a réfléchi quelques instants avant de résumer la situation : «Si je comprends bien, elle a accepté pas parce qu'elle est amoureuse de moi, mais parce qu'elle est d'accord pour participer à une expérience.»

«Oui, c'est un peu ça, mais je te parie que quand elle te connaîtra un peu mieux, elle finira par t'aimer.»

«Tu crois vraiment?» a-t-il demandé.

Même s'il y avait peu de chances pour que ça se produise, et que ça me faisait super flipper, j'y croyais, bizarrement.
J'ai répondu : « Oui, vraiment. »
Jake a fixé un long moment l'écran de son ordinateur, comme s'il lui demandait conseil. Puis il a levé les yeux au plafond. «Waouh ! OK, on va essayer. »
« Bravo, mec ! ai-je lancé en lui donnant une tape dans le dos. Viens, on va se faire quelques paniers. »
Il a refermé son ordinateur portable : « D'accord. » On aurait dit qu'il ne se rendait pas bien compte de ce qui venait de se passer. Puis il a ajouté : « Euh… merci. »
Comme on sortait dans le jardin, j'ai ajouté : «Vous irez super bien ensemble, tous les deux. »

***

On en était à la moitié de notre partie de basket – j'avais un tir d'avance – quand j'ai amené l'autre sujet, l'air de rien, comme si ça venait juste de me passer par la tête.
«Au fait, mec, encore un truc : ce serait cool que tu m'aides à lire quelques livres pour mon exposé. Peut-être que tu pourrais les lire vraiment vite, parce que tu es super rapide, et me dire en gros ce qu'ils racontent ? »
Jake dribblait avec un super-élan, on aurait dit qu'il se sentait déjà pousser des ailes. Comme je n'arrivais pas trop à savoir ce qu'il pensait, j'ai décidé de poursuivre :
« Ma sœur m'a donné une liste de bouquins à lire, mais

ils sont super longs et super durs et j'ai l'impression que j'y arriverai jamais à temps.»

Soudain il m'a regardé avec un grand sourire, celui d'un mec qui sort avec Hannah : «Pas de problème, mec. Les copains, c'est fait pour ça.»

Puis il a rattrapé son retard au tir et m'a battu.

47

J'avais parlé à Timmy, à Katie, à Hannah et à Jake. Ils pensaient tous que mon plan était bon et que j'étais un génie (excepté Katie). Le décor était planté, les jeux étaient faits, l'œuf sur le point d'éclore.

Je n'aime peut-être pas lire, mais je suis fort en métaphores.

QUATRIÈME PARTIE

SUR LE MOMENT, ÇA PARAISSAIT ÊTRE UNE BONNE IDÉE.

48

Ce vendredi-là, au dîner, ma mère m'a demandé pourquoi j'étais d'aussi bonne humeur.
« Parce que je vais à une fête, ce soir. »
« Tu peux éviter de manger comme un chien ? », a-t-elle rétorqué, ce qui n'avait rien à voir avec rien, sauf peut-être avec le fait qu'à cet instant, j'étais en train de lécher mon assiette.
« Maman ne veut pas juste parler de ce soir, mais en général, a expliqué Papa. Tu as l'air en pleine forme, ce qui est étrange quand on sait que le grand exposé approche et qu'on connaît ta passion pour la lecture. »
Je savais où ils voulaient en venir. Ils ne voulaient pas vraiment savoir pourquoi j'étais content. Ils voulaient savoir si j'avais recommencé mes petits arrangements.
Megan, qui était occupée à manger, envoyer des textos et brosser ses cheveux en même temps, a levé les yeux en entendant les mots « lecture ».
« De quoi vous parlez ? »
« Papa et Maman veulent savoir pourquoi je suis si content », ai-je dit en me resservant des pâtes.
Ma sœur a regardé mes parents. « Laissez Charlie un peu tranquille, a-t-elle dit – merci, frangine ! –. Il bosse

comme un dingue ces derniers temps, et il a choisi un super sujet pour son exposé.»
«Ah bon? Lequel?» a demandé ma mère.
On aurait pu en discuter pendant un jour ou deux. J'aurais pu leur dire, ce qui, c'est CERTAIN, m'aurait valu au moins quatorze questions sur le sujet. Ou j'aurais pu refuser de leur dire, ce qui aurait sans doute abouti au même résultat.
«Je préfère que ce soit une surprise», ai-je déclaré, ce qui n'était pas très malin, maintenant que j'y pense.
Mes parents se sont regardés et ont décidé d'accepter ma réponse. Ou du moins, de lâcher l'affaire pour l'instant.
«J'ai hâte de le lire, en tout cas», a dit Papa. Puis il a commencé à lécher son assiette.
«Vous vous croyez dans un chenil?» a lancé ma mère, dégoûtée, avant de donner son assiette à lécher à Moose et Coco.

49

Les fêtes de collégiens se ressemblent toutes : pizza froide, cookies tout mous, soda sans bulles, musique assourdissante, quelques personnes en train de s'embrasser, plein d'autres qui font semblant de ne pas les regarder mais n'en perdent pas une miette et les allées et venues incessantes de la petite sœur de celui qui invite, soi-disant pour remplir les bols de chips, mais en réalité pour surveiller ce qui se passe et aller répéter aux parents que personne n'est en train de vomir sur le canapé.

Ce vendredi-là, chez Kelly Dunn, les stars de la soirée étaient Jake Katz et Hannah Spivero.

Deux jours plus tôt, à la pause de midi, Jake avait demandé à Hannah de sortir avec lui. Huit minutes après environ, l'info avait fait le tour du collège, et je dirais que les réactions étaient à la fois stupéfaites et admiratives.

Les amis d'Hannah étaient stupéfaits, et ceux de Jake admiratifs.

Leur premier rendez-vous était à la fête de Kelly. Tu imagines…

Ils ne s'embrassaient pas ni rien, mais ce qu'ils faisaient était presque aussi choquant. Ils riaient et discutaient. Et si les autres ne les quittaient pas des yeux, Jake et Hannah non plus ne se quittaient pas des yeux.

Je me suis rendu compte que je ne les avais jamais vus ni l'un ni l'autre rire et parler autant.
Évidemment, mes sentiments étaient partagés.
J'étais ravi de constater que mon expérience fonctionnait aussi bien.
Et j'étais triste de constater que mon expérience fonctionnait aussi bien.

***

La simple idée qu'Hannah Spivero la majorette et Jake Katz l'intello passent leur temps à discuter dans une soirée scotchait déjà tout le monde.
Alors, quand ils ont commencé à danser, toute l'assistance a retenu son souffle.
Les gens se sont tous arrêtés de parler en même temps pour se tourner vers eux. On aurait pu entendre une mouche voler. Puis, dans une sorte de brouhaha, on a perçu des chuchotements, plein d'OMG et d'exclamations de surprise.
C'est la petite sœur de Kelly Dunn, qui était venue accomplir une de ces missions d'espionnage, qui a dit tout haut ce que tout le monde pensait tout bas : « Ben ça alors ! »
Et c'est Teddy Spivero – le frère jumeau d'Hannah, un sale gosse super relou – qui a exprimé ce que je pensais : « Hé, Jackson, qu'est-ce qui se passe ? Ça fait des années que tu kiffes ma sœur et c'est le petit Jake Katz qui va se la faire ? T'inquiète pas, ton tour viendra ! »

Il a pris une longue gorgée de punch. «Un jour, en deux mille jamais!» Tout le monde était mort de rire. Oui, il faut admettre qu'elle était plutôt bonne, celle-là.

BON PLAN DE CHARLIE N° 20

QUAND TU ARRIVES À PLUS DE LA MOITIÉ D'UN LIVRE, ACCÉLÈRE LE RYTHME ET SAUTE QUELQUES PAGES POUR T'EN DÉBARRASSER LE PLUS VITE POSSIBLE.

Tu connais ces gens qui, à chaque fois qu'ils terminent un livre, disent : « Dommage, c'est déjà fini » ? J'ai deux mots à leur dire.
La personne qui a écrit le livre ne trouve pas ça dommage, elle, sinon il ou elle aurait continué à écrire. En réalité, c'est le contraire : elle est soulagée. Ravie. Prête à fêter l'événement.
Ça devrait être la même chose pour le lecteur.
La fin d'un livre est l'occasion de se réjouir, pas de regretter.
Alors dépêche-toi, tu as fait plus de la moitié du chemin.
Allez, mets le turbo !

50

C'est une règle non écrite qui veut que, dans chaque communauté éducative de chaque école du pays, les gens se regroupent par affinités : les sportifs avec les sportifs, les nuls avec les nuls, les Chinois avec les Chinois, et ainsi de suite.

Mais pas dans mon collège. Plus maintenant.

En fait, depuis que Jake et Hannah ont commencé à sortir ensemble – et à s'apprécier, semble-t-il –, tous les élèves du collège prennent leurs distances avec leur bande de potes, lentement, mais sûrement.

Je ne dis pas qu'une véritable révolution est en train de se produire. Non, mais de petites choses ont changé, par-ci par-là. Par exemple, dans la façon qu'ont les gens de s'installer lors des réunions de vie scolaire.

La réunion d'aujourd'hui, dont le sujet était la cafétéria et le fait que la (bonne) nourriture malsaine avait été remplacée par de la (mauvaise) nourriture saine, Jake était assis à côté d'Hannah, elle-même assise à côté de Jack Humphries (sportif), installé près de Mark Fricker (nul), lui-même près de Lauren Hu (Chinoise).

C'était beau à voir.

***

Après la réunion, Mme Ferrell, M. Dormer et Mme Axelrod – deux profs d'histoire-géo que tout le monde soupçonne de sortir ensemble, juste parce qu'ils sont les deux profs les plus sexy du collège – se sont retrouvés près de la grande salle.

Je sais que Dormer est sexy parce que toutes les mères – y compris la mienne, ça me fait mal de le dire – se mettent à glousser dès qu'elles le voient.

Je sais que Mme Axelrod est sexy parce que j'ai des yeux.

Bref, quand Mme Ferrell m'a vu, elle m'a fait signe de m'approcher.

« Charlie, tu sais pourquoi tout le monde s'est assis comme ça aujourd'hui ? Je n'ai jamais vu ça dans ce collège ! »

Je ne voulais pas en dire trop, alors j'ai répondu : « Je sais, c'est incroyable, non ? »

(Pour une raison que j'ignore, à chaque fois que Mme Ferrell a une remarque intéressante à faire sur les élèves – qu'elle soit bonne ou mauvaise –, elle s'adresse à moi. Parfois, ses remarques ne sont ni bonnes ni mauvaises, du genre : « Pourquoi tous les garçons du collège sont-ils à ce point fascinés par le skate-board ? » ou « Pourquoi toutes les filles se lissent-elles les cheveux, tout à coup ? ». Elle doit croire que ça m'intéresse, ce en quoi elle se trompe.)

M. Dormer a placé son bras autour de mon épaule : « Monsieur Jackson, j'ai entendu dire que vous étiez un garçon très intelligent, mais un peu fainéant. »

La première chose que je me suis dit, c'est que j'aurais préféré que ce soit Mme Axelrod qui passe son bras autour de mon épaule.
La deuxième chose, c'est qu'il fallait nier à tout prix, encore et encore : « Ce n'est pas vrai du tout ! »
« J'espère vous avoir en cours un jour, a repris M. Dormer, afin d'en avoir le cœur net ! » Puis il m'a donné pour rire une tape dans le dos et a ajouté : « Pendant mes cours, la seule personne qui peut se permettre de ne rien faire, c'est moi ! »
Il a ri de sa propre blague – une impardonnable violation des règles de l'humour, à mon avis – et Mme Axelrod a fait semblant de rire avec lui.
C'était sûr, maintenant : ils sortaient ensemble.
Pas vous, madame Axelrod !

***

Mme Ferrell a essayé de reprendre le fil de la conversation : « Au fait, Charlie, qu'as-tu prévu pour cet été ? »
Tout en la remerciant en silence d'avoir changé de sujet, je me suis lancé dans une description très détaillée de mon agenda estival.
« Pas grand-chose… »
M. Dormer est revenu à la charge.
« Comme j'aimerais être à votre place, monsieur Jackson ! a-t-il lancé. Je donnerais tout pour redevenir ado, sauf pour les points noirs et les exposés, bien sûr ! »

Il ponctuait chacune de ses tentatives d'humour de l'équivalent oral d'un point d'exclamation.

Le fait d'être canon lui donnait-il le droit de faire des vannes aussi lamentables ?

J'ai essayé de m'échapper : « Il faut que j'aille en cours. J'ai pas envie d'arriver en retard et que tout le monde me prenne pour un fainéant ! »

Mme Axelrod a ri – d'un rire vrai et franc, qui n'avait rien à voir avec le rire hypocrite dont elle avait gratifié Dormer.

M. Dormer l'a regardée rire puis s'est tourné vers moi, d'un air de dire qu'il me collerait à coup sûr une mauvaise note si je me retrouvais dans son cours.

Mme Ferrell a ri à son tour, ce qui m'a fait du bien, comme d'habitude – j'adore la faire rire, car même si elle symbolise pour moi les devoirs, les livres et la lecture, je l'aime beaucoup en tant que personne.

« J'ai hâte d'être à mardi », a-t-elle lâché et, l'espace d'un instant, je n'ai pas eu la moindre idée de ce qu'elle voulait dire.

Puis je me suis rappelé.

Je dois rendre mon exposé mardi prochain.

Dans six jours, plus exactement.

« Moi aussi », j'ai répondu.

Mme Axelrod a ri de nouveau, même si cette fois je n'avais vraiment pas fait exprès d'être drôle.

51

Dimanche soir – deux jours avant la date de remise de l'exposé –, je me suis senti coupable, tout à coup.
Ce n'était pas le fait que Jake lise des livres à ma place qui suscitait ma culpabilité.
Ce n'était pas non plus le fait d'avoir caché à mes parents et à ma sœur notre petit arrangement.
Non, c'était le fait d'entendre mes parents dire à Jake, qui était resté dîner à la maison, qu'il exerçait une bonne influence sur moi, et à quel point ils étaient fiers que je lise autant et que je travaille aussi fort sur mon exposé.
Et aussi, de voir Jake hausser les épaules en me regardant d'un air de dire : « Si seulement ils savaient… »
C'était le mélange de tout ça qui me faisait me sentir coupable.
Une semaine plus tôt, j'avais révélé à mes parents que j'avais choisi le sujet des clans et ils avaient approuvé mon choix. Je leur avais également montré les livres que j'avais utilisés pour faire mes recherches, et ils leur avaient paru passionnants.
Dès le lendemain, au collège, j'avais donné les livres à Jake.
Et voici que, soudain, au dîner, le remords venait m'assaillir.

Ce n'était vraiment pas le moment…
Pour libérer ma conscience, j'ai décidé de débarrasser la table.
«Vous voulez un dessert avant de retourner travailler, les garçons ?» a demandé ma mère.
J'ai répondu «Non, merci» en même temps que Jake disait «Oui, je veux bien». Je voulais m'éclipser le plus vite possible mais Jake, lui, voulait manger une glace.
Il était en train de déguster une boule de menthe-chocolat quand la conversation est devenue plus gênante encore.
«Charlie nous a dit que tu sortais avec Hannah Spivero», a lancé mon père.
«Je vous ai dit ça, moi ? Quand ça ?»
Comment l'avaient-ils su ? Aucune idée. Comment font les parents pour savoir autant de choses ?
Megan est venue à mon secours : «Papa, tu sais, les collégiens n'aiment pas parler de ce genre de choses.»
Hélas, Jake était tout à fait le genre de collégien qui aimait parler de ce genre de choses, surtout quand il s'agissait de sa nouvelle petite amie.
«Oui, ça marche super bien. J'y crois pas ! a-t-il répondu. Et tout ça, c'est grâce à Charlie.»
Je me suis figé. Jake m'a aussitôt regardé, genre «oups». Dieu merci, mes parents ne savaient pas trop quoi dire.
Ce n'était pas le cas de Megan, qui m'a interpellé : «Pourquoi tu as fait ça ? Je croyais que tu étais raide dingue d'Hannah Spivero.»

«Plus maintenant», j'ai répondu, avant de me tourner vers Jake et de changer habilement de sujet : «T'aimes bien la glace à la menthe avec des pépites de chocolat, hein ? Moi, je suis plutôt café, tu vois.»

Dans ma chambre, Jake m'a donné un résumé brillamment rédigé, chapitre par chapitre, de tous les livres que j'étais censé avoir lus, et ça m'a beaucoup aidé.

Il a dû mettre une demi-heure environ à les écrire. «Ces livres sont vraiment super bien, a-t-il commenté. Et tu as choisi un sujet très intéressant.»

«Merci. Merci pour tout, mec. Tu m'as sauvé la vie.»

Jake s'est assis sur mon lit.

«Pourquoi tu détestes lire à ce point ?»

La culpabilité me rongeait. J'avais trois résumés à lire et pas le temps de bavarder, alors j'ai répondu : «Je sais pas, c'est comme ça, c'est tout.»

Il a hoché tristement la tête : «Tu sais pas ce que tu perds, mec.»

BON PLAN DE CHARLIE N° 21

QUAND TU PRÉTENDS AVOIR LU UN LIVRE ET QUE CE N'EST PAS VRAI, IL Y A CERTAINES CHOSES QUE TU DOIS CONNAÎTRE, COMME PAR EXEMPLE :

1) Le titre
2) L'auteur
3) Ce qu'il y a sur la couverture
4) La longueur (à peu près)
5) Le nom du personnage principal
6) Le nom de ceux qui meurent
7) Le nom de tous les animaux
8) Le temps de lecture
9) Ce qui s'est passé dans tel ou tel chapitre
10) Si tu l'as aimé ou non

52

Mardi matin, 11 h 10

Tu sais, cette goutte de sueur qui apparaît soudain sur ton front quand tu es nerveux ?

Elle se met à couler le long de ta joue, comme une larme que verserait ton cerveau parce que c'est trop triste de t'être fourré dans une telle situation ?

Eh bien, cette goutte de sueur avait déjà parcouru la moitié de son voyage quand je me suis levé devant toute la classe pour présenter mon exposé.

Mme Ferrell était là, bien sûr. Mais comme il s'agissait de l'événement scolaire de l'année, il y avait aussi les autres profs : M. Simms, Mme Cohen et le docteur Jamison, qui était le personnage le plus important du collège et le seul docteur (bien que, pour ma part, je ne l'aie jamais vu guérir qui que ce soit).

Tout le monde libre était là aussi, du moins c'est l'impression que j'ai eue, alors qu'en réalité il s'agissait des vingt-deux autres élèves de ma classe.

Je me suis éclairci la gorge. Si seulement j'avais pu éclaircir aussi les rangs du public…

« Bonjour, tout le monde. Je m'appelle Charlie Jackson », ai-je commencé, très scolaire. J'ai vu Timmy rouler les yeux. « Merci d'être venus aujourd'hui. »

Avaient-ils vraiment le choix ?

« Mon devoir s'intitule *D'amis à rivaux : de la pression subie par les jeunes d'aujourd'hui et de la formation de clans favorisant les affrontements entre groupes d'individus.* »

Gardez vos applaudissements pour la fin…

J'ai poursuivi : « Pour préparer cet exposé, j'ai lu les livres suivants : *Les Clans, une béquille pour les jeunes ?*, de Marvin S. Hackett ; *Trop de clubs, trop peu de temps*, de Sheila Warburg ; et *Les Super-Ados d'aujourd'hui*, de Frederick et Catherine Wilson. »

J'ai jeté un rapide regard aux profs pour voir si quelqu'un semblait connaître ces livres – j'espérais que non, bien sûr – mais, comme je n'en avais aucune idée, j'ai continué.

Voici ma première phrase, trop top : « Ma théorie est que les jeunes d'aujourd'hui subissent une pression importante pour atteindre l'excellence, et que leur travail et leurs activités extrascolaires leur prennent tellement de temps qu'ils n'ont plus le loisir de développer les aptitudes sociales nécessaires pour entrer en contact avec leurs camarades ; par conséquent, ils ne fréquentent que ceux qui leur ressemblent, ce qui aboutit à la formation de cliques, de clans, et d'autres formes de ségrégation préjudiciables au processus de maturation que tout jeune doit accomplir pour devenir adulte. »

Trop ampoulé ?

***

L'exposé s'est déroulé sans incident majeur, et j'ai même marqué quelques points. Pour entrer dans les détails techniques, je suis sûr d'avoir répété les mêmes trucs une ou deux fois – mais bon, ça arrive à tout le monde, non ? Mais en même temps, j'avais vraiment l'impression de bien m'en sortir.

En tout cas, je voulais finir sur une surprise et garder le meilleur pour la fin.

« Jusqu'à maintenant, ai-je annoncé, j'ai fait un exposé relativement classique. J'ai lu les livres, effectué les recherches, bâti un plan en m'appuyant sur des faits et des exemples pour illustrer mon propos. » J'ai pris une profonde inspiration. « Mais maintenant, mesdames et messieurs, j'aimerais vous prouver que les jeunes sont capables de lutter contre le phénomène des clans en se souciant moins d'avoir des bonnes notes et d'intégrer les meilleurs établissements que d'apprendre à connaître ceux qui, parmi leurs camarades, sont très différents d'eux. Parce que cela est possible. Et que les jeunes en ont vraiment envie. »

J'ai fait signe de la tête à Timmy, qui s'est levé. « Je m'appelle Timmy McGibney. Je traîne le plus souvent avec des potes branchés skate-board et snow-board, mais hier j'ai discuté longtemps avec Casey qui joue dans un orchestre, et c'était vraiment sympa. »

Ensuite, j'ai fait signe à Pete Milano, qui s'est levé à son tour et a dit avec une grimace : «Toute la journée, tous les jours, je pense au sport, mais une fois mes parents m'ont emmené voir une comédie musicale et c'était super bien.»

Il s'est rassis sous les ricanements de ses potes.

Ensuite, Katie a pris la parole : «J'ai longtemps été une nouille, ensuite j'ai eu ma période gothique, skate-board, avant de découvrir ce que j'étais vraiment : une jeune fille, point.»

Elle m'a souri et s'est rassise.

Katie Friedman est vraiment géniale.

J'ai jeté un nouveau coup d'œil aux profs, qui avaient l'air d'apprécier cette petite animation. Jusque-là, tout se passait bien.

Il était temps de conclure.

***

J'ai posé mon devoir sur le bureau de Mme Ferrell, comme si j'en avais terminé, puis j'ai déclaré :

«Merci de m'avoir écouté. J'espère que nous avons tous appris une leçon importante aujourd'hui : laissez les jeunes vivre leur vie de jeunes, et vous savez quoi ? Ils pourraient bien vous surprendre.»

Puis j'ai regagné mon siège sous les applaudissements – dont j'étais presque sûr qu'ils me rapporteraient un B+, au moins. Et puis, soudain…

«Attendez…»

Les applaudissements ont cessé, les gens se sont tus, tout s'est arrêté.
Hannah Spivero venait de se lever.
Pas sur ses pieds.
Pas sur sa chaise.
Sur son bureau. Oui, Hannah Spivero – la fille de mes rêves – était debout sur son bureau.
«J'ai quelque chose à dire», a-t-elle annoncé d'un ton solennel. Elle a attendu quelques instants, avant de reprendre : «Tout le monde sait que je sors avec Jake, je suppose ?»
En effet, tout le monde savait.
«Quand Jake m'a demandé de sortir avec lui, j'ai commencé par me dire que c'était n'importe quoi, a poursuivi Hannah. Moi, avec un mec comme lui ? Toutes mes copines rigolaient.»
Elle a regardé Jake, qui, très serein, lui a rendu son regard. «Mais je me suis dit *Et alors ? Qui suis-je pour mal le juger juste parce qu'il porte des lunettes, joue du violon et fait partie du club d'échecs ? Je devrais peut-être essayer…*»

Elle s'est interrompue pour ménager le suspense : « En fait, c'est la meilleure décision que j'aie jamais prise de ma vie. »

Elle était vraiment au top.

Puis elle est descendue de son bureau, s'est avancée jusqu'au centre de la pièce puis, doucement, presque cérémonieusement, elle s'est retournée et s'est dirigée droit vers Jake Katz.

Celle qui ne serait jamais à moi a regardé son mec. « Je t'aime vraiment beaucoup, tu sais », a-t-elle déclaré avant de se pencher vers lui pour déposer un baiser sur sa joue droite, toute rouge et brûlante.

***

Dans la salle, c'était le délire. Le chaos, le pandémonium (voir définition sur www.dico.com : l'anarchie, la folie.). Jake a failli avoir une attaque (et s'il en avait eu une, il serait mort heureux).

Alors que je savourais mon triomphe, j'ai compris quelque chose sur moi-même. Quand j'ai eu l'idée de faire sortir ensemble Jake et Hannah, je me suis convaincu qu'ils ne tomberaient pas amoureux, même si, au fond de moi, je *savais* que ça arriverait. Mais ce n'était pas grave.

J'étais prêt à tout pour échapper à la lecture, même à voir la fille de mes rêves en embrasser un autre.

C'était à la fois le meilleur et le pire moment de toute ma vie.

53

Mais je n'avais pas encore tout à fait terminé.
Mme Ferrell a fendu la foule, ce qui n'était pas simple.
«Ton exposé était excellent, Charlie, a-t-elle dit, constatant l'évidence. Et extrêmement théâtral, aussi. Mais comme tu le sais, nous, les professeurs, nous aimons poser quelques questions supplémentaires, juste pour nous assurer que tu maîtrises vraiment ton sujet.»
Vous rigolez ? Maîtriser vraiment mon sujet ? Vous n'avez pas vu la foule en délire, ou quoi ?
«Bien sûr», j'ai dit.
C'est le docteur Jamison qui a ouvert le feu : «Monsieur Jackson, tout d'abord, laissez-moi vous dire que j'ai beaucoup apprécié votre exposé et le choix du sujet. Mais je suis curieux de savoir lequel de ces trois livres vous a le plus aidé dans vos recherches…»
C'était de la balle ! Et cette balle était dans mon camp. Pour remporter ce point, une solution s'imposait : suivre à la lettre le bon plan de Charlie n° 21 !
«Je suis heureux que vous posiez cette question, docteur Jamison. J'ai beaucoup apprécié tous les ouvrages que j'ai lus, mais si je devais en citer un seul, j'opterais pour *Les Super-Ados d'aujourd'hui*, de Frederick et Catherine Wilson. De la couverture – qui représente

un jeune à quatre têtes – au portrait passionnant du prodige du violon complètement surmené brossé au chapitre sept, cet ouvrage est extrêmement convaincant. J'en veux pour preuve le fait que malgré ses 278 pages, j'ai eu l'impression de le lire en un rien de temps. »

Tous les profs ont hoché la tête et j'ai pensé qu'ils allaient enfin me lâcher quand M. Simms a dit : « Je me souviens de ce livre. »

Aïe.

Continue à hocher la tête, Charlie, continue…

« Et j'en conviens, a-t-il poursuivi, cette histoire de prodige du violon est une mise en garde adressée aux parents qui surchargent leurs enfants en leur faisant faire une myriade d'activités. »

Je savais ce que *convenir* signifiait, et pas du tout ce que signifiait *myriade*, mais je connaissais tous les autres mots et leur ordre dans la phrase me plaisait beaucoup. Alors j'ai hoché la tête en signe d'approbation et M. Simms a souri.

Ensuite, ce fut le tour de Mme Cohen. « Charlie, je ne suis pas certaine qu'il faille rejeter toute la faute sur les parents. Les enfants sont partie prenante dans ce cercle vicieux. Peux-tu nous expliquer dans quelle mesure les différents ouvrages que tu as lus ont inspiré ta théorie selon laquelle la pression exercée par les adultes s'oppose à celle exercée par les autres jeunes ? Les limites sont-elles clairement définies ? »

Reste cool, Charlie, reste cool… Essaye de visualiser les résumés de Jake… Ah, les voici… Ça y est !

« Eh bien, madame Cohen, c'est une très bonne question. Dans tous les ouvrages, on souligne le fait que c'est aux jeunes qu'il appartient de changer ou non leur comportement, mais c'est sans doute Sheila Warburg qui l'explique le mieux, au bout du compte, dans son livre *Trop de clubs, trop peu de temps*. Au chapitre 3, intitulé « Votre vie vous appartient », elle dit qu'au bout du compte, c'est à chaque jeune de décider pour lui-même, au bout du compte, et qu'il ne peut pas partir du principe que ses parents, parce qu'ils sont des adultes, sont certains de toujours prendre la bonne décision, au bout du compte. »

Je me rendais vaguement compte que j'avais utilisé quatre fois l'expression « au bout du compte », mais je m'en fichais. Il faut ce qu'il faut.

Mme Ferrell s'est levée, ce qui signifiait qu'on allait bientôt me rendre ma liberté.

« Eh bien, Charlie, je dois dire que tu t'es très bien débrouillé. Je suis fière de toi. Bravo ! »

Une fois de plus, j'ai hoché la tête et je me suis assis. Tout le monde a applaudi. Sur mon front, la sueur commençait à sécher, et ma langue n'était plus collée à mon palais.

C'était ça, le goût de la liberté.

54

Ceux qui veulent un chapitre court, levez la main ! Unanimité.

55

Juste après les cours, Katie m'a chopé dans un couloir.
Elle m'a félicité : «T'as été génial ! »
Étrangement, c'est à ce moment-là que j'ai remarqué qu'elle avait moins de taches de rousseur qu'avant.
«Merci», j'ai dit.
Nous nous sommes regardés une seconde de trop et, soudain, je me suis senti tout bizarre.
Katie et moi, on a toujours été d'accord pour dire qu'il valait mieux rester amis. C'était vrai quand nous étions à la maternelle, et ça le sera toujours quand nous aurons 80 ans.

En clair, entre nous, ça ne pourrait jamais marcher.
Et pourquoi pas ?
« Non, mais arrête, c'est pas sérieux… » a-t-elle dit.
Comme d'habitude, elle savait exactement ce que je pensais.
C'est ce que j'aimais et que je détestais chez elle.
« Quoi ? »
« Tu le sais bien. (Elle m'a attiré à l'écart des copains qui venaient me taper sur l'épaule pour me féliciter après mon triomphe.) Toi et moi, ça ne marcherait jamais. Nous nous aimons beaucoup trop. »
Je l'ai serrée dans mes bras. « Tu es la meilleure copine que j'aie jamais eue. »
« Quand tu dis copine, tu veux dire… juste copine ? »
« Bien sûr. »
Mais je n'en étais pas très sûr.

***

J'ai retrouvé Jake – le héros du jour – tout seul dans les toilettes des garçons, occupé à nettoyer ses lunettes.
Je lui ai tapé sur l'épaule : « C'était trop top ! Merci encore. Tu gères, mec ! »
Il n'a pas levé les yeux.
Il était inquiet. « Tu crois qu'elle m'aime vraiment ? a-t-il demandé. Je veux dire, maintenant que tout est fini, et que tu as fait ton exposé… tu crois qu'elle va encore vouloir sortir avec moi ? »

Il a cligné des yeux comme s'il venait juste d'émerger d'un rêve – un rêve qui avait le visage d'Hannah Spivero.

« Je pense que oui, j'ai répondu, et en le disant je me suis rendu compte que j'étais sincère. Que tu le croies ou non, moi je pense que oui, mon pote. »

« MOI AUSSI ! » s'est exclamé Jake, avant de se mettre à sauter dans tous les sens en tambourinant sur le distributeur de serviettes et en hurlant : « Elle m'aime ! Elle m'aime ! Écoutez tous : Hannah Spivero m'aime ! »

Il a continué ainsi pendant un bon moment, bien que personne ne puisse l'entendre à part moi.

En le regardant, la première chose que j'ai pensée, c'est : « Ce mec est fou. »

Mais, ensuite, je me suis dit qu'à sa place, je réagirais exactement comme lui.

CINQUIÈME PARTIE
COUP DE THÉÂTRE

BON PLAN DE CHARLIE N° 22

MÉFIE-TOI DES COUPS DE THÉÂTRE.

Les auteurs des livres où l'intrigue rebondit au dernier moment essaient désespérément de capter ton attention jusqu'à la toute dernière page.
Ce qui n'est pas très correct, car ils auraient très bien pu nous épargner ces efforts en terminant simplement leur livre plus tôt.

56

J'ai remarqué que ce livre avait beaucoup changé depuis le début.
Il ressemble de plus en plus à un vrai livre.
Mais pas à celui que j'avais l'intention d'écrire.
Je sais pas trop ce qui s'est passé.

57

Personne ne veut l'avouer, mais tous attendent le prochain grand événement de l'année scolaire.

Le nom «bal de fin d'année» est un peu ringard, mais le programme – bar à pizzas et à sundaes, et slows collés-serrés – plutôt sympa.
C'est le dernier week-end de l'année scolaire. Il ne reste plus que deux jours de cours, un lundi et un mardi totalement inutiles, vu qu'on a fini tous les contrôles et tous les devoirs et que plus personne ne fait rien sauf dire au revoir aux copains, signer des albums souvenirs ou des cartes et s'embrasser. (D'ailleurs, toutes ces embrassades partent un peu en vrille, j'avoue. Maintenant, on s'embrasse alors qu'on s'est quittés cinq minutes avant. Faut-il remplacer l'éducation sexuelle par des cours de bisous ?)
Et tout le monde commence à parler de ce qu'il a prévu de faire pendant l'été.
D'habitude, je suis du genre à feignasser jusqu'à la rentrée mais cette année, mes parents ont décidé que je devais faire quelque chose d'intéressant, comme aller dans une colo de foot, garder des enfants ou – rien que d'y penser, j'ai la chair de poule – prendre des cours d'été.

Mais c'était avant mon triomphe. Le plaisir que mes parents ont éprouvé à me voir réussir (ils ont fini par lire mon exposé et l'ont adoré) me laisse espérer un été sans devoirs supplémentaires ; et quand j'ai dit que j'avais besoin d'un nouveau maillot de bain, Maman ne m'a pas sorti son sermon habituel, genre : «Tu iras à la plage le week-end, quand tu auras fini d'aider à la maison et lu au moins un livre entier dans la semaine.»

Peut-être étaient-ils fiers de moi, ou avaient-ils simplement laissé tomber, ou alors les deux. En tout cas, l'été se présentait bien, et j'allais pouvoir me livrer sans retenue à mon activité préférée : ne rien faire.

***

Le jour du bal, le collège tout entier vibrait d'excitation, et la course habituelle des garçons qui se cherchent une cavalière de dernière minute battait son plein. Quant à moi, depuis que, quatre mois plus tôt, Eliza avait cru – à tort – que je lui proposerais de m'accompagner à la soirée, je ne savais pas du tout avec qui j'allais finir. J'avais l'intention de demander à au moins une trentaine de filles.

En fin de compte, j'ai demandé à mes potes Timmy McGibney et Pete Milano.

***

Je suis arrivé au bal pile à l'heure – c'est-à-dire quarante-cinq minutes en retard.
La salle était sombre, moite, et on ne s'entendait pas parler. Bref, c'était parfait.
Timmy, Pete et moi, on discutait, pour tenter de savoir s'il valait mieux a) inviter à danser une fille en particulier, b) se joindre à la foule sur la piste, c) aller faire quelques paniers dans la salle de gym tout en continuant à discuter de la meilleure manière de procéder.
Pete avait une opinion tranchée : «Les mecs, dans ce genre de soirée, on n'invite pas les filles à danser. C'est trop flag ! On se mêle à la foule et on danse avec toutes les filles à la fois ! T'es pas d'accord, Charlie ?», m'a-t-il lancé en me donnant un coup de poing dans le bras. Pete est du genre boxeur.
«Si», j'ai répondu, en balayant la foule du regard à la recherche de quelques visages que je n'avais pas encore vus. Au bout d'une minute, j'ai repéré Katie, au milieu de ses copines habituelles, en train de faire ses trucs habituels (leur envoyer des textos).
Quand elle a levé les yeux, je lui ai fait signe et elle m'a répondu en souriant. Je sais, ce n'est pas vraiment un événement mémorable, mais ça m'a fait du bien, alors je te le raconte.
Et c'est à peu près la seule chose qui m'a fait du bien, ce soir-là.
Une nouvelle fois, Pete m'a tapé sur le bras en désignant la porte : «Waouh !»

J'ai regardé. *Waouh*, en effet.

Hannah Spivero faisait son entrée, avec à son bras un mec qui me rappelait vaguement Jake Katz.

***

Tu sais, dans les BD, quand un personnage ne croit pas ce qu'il voit, il se frotte les yeux, secoue la tête, et regarde une nouvelle fois ?

Eh bien, je suis sûr que c'est ce que j'ai fait.

Jake ne ressemblait plus que de très loin à ce qu'il était quelques semaines encore auparavant.

Il ne portait pas ses lunettes – soit il ne voyait rien, soit il s'était enfin décidé à mettre les lentilles de contact que ses parents le suppliaient d'adopter. Tous ses vêtements étaient neufs et il s'était mis du gel pour se faire une brosse à faire pâlir d'envie un hérisson.

Il était au top.
Hannah, quant à elle, était comme d'habitude : parfaite.
Tout le monde s'est retourné pour regarder ce couple modèle entrer dans la cafétéria. Derrière eux, baignant dans leur gloire, se tenait Teddy Spivero, le jumeau dégénéré d'Hannah.
Teddy a scruté la foule jusqu'à ce qu'il trouve ce qu'il cherchait : moi.
«Yo, Charlot Jackson», a-t-il hurlé, reprenant un surnom que je n'avais plus entendu depuis le CM1. Puis, désignant du doigt Jake et sa sœur, il a ajouté : «Tu vois, ça marche toujours!»
Timmy m'a touché l'épaule – il était du genre à faire ça, aussi – et a tourné vers moi un regard jaloux.
«Ils sortent toujours ensemble?» C'était comme s'il ne s'adressait pas vraiment à moi, mais demandait au monde entier comment une telle chose était possible.
J'ai eu l'impression que le monde haussait les épaules en guise de réponse.
«On dirait bien», ai-je répondu d'un ton sec, un peu agacé. Quel droit avait-il d'être jaloux? Il était sorti avec elle pendant environ sept heures, alors que moi, je l'aimais depuis environ sept ans.
Teddy s'est approché de nous. On aurait dit un saint-bernard qui avait bu trop de café. «Hé, les gens!»
Teddy Spivero venait-il de nous appeler «les gens»?
Il m'a donné un coup de coude en plein dans l'estomac – il était du genre à faire ça. «Je parie que tu croyais que

ça ne durerait pas plus d'une minute, hein ? Regarde-les, tous les deux, au bord du dance-floor, prêts à jouer à pécho-pécho ! »

« Jouer à pécho-pécho » ? « Les gens » ? On peut dire ce qu'on veut de Teddy Spivero – notamment que c'est un naze – mais il a un langage bien à lui, et je dois reconnaître que c'est assez stylé.

« Je suis ravi pour eux », ai-je répondu, en ayant l'air d'être ravi pour eux.

Jake est venu nous voir avec Hannah, soi-disant pour nous dire bonsoir, mais en réalité pour savourer sa victoire.

« Salut, Charlie… (Il a essayé de passer son bras par-dessus l'épaule d'Hannah, mais n'a réussi qu'à lui entourer la moitié du dos.) Alors, ça va ? Salut, Timmy, salut, Pete. »

Tous les trois, on a marmonné quelque chose du genre : « Salut, Jake. »

Jake m'a regardé. « Tu avais raison quand tu disais que des gens de styles très différents pouvaient se retrouver si on leur en donnait l'occasion. »

Hannah m'a regardé à son tour : « T'es vraiment malin quand tu veux, tu sais. »

J'ai répondu bêtement : « Ouais, ça peut servir. »

58

Tu te souviens, au chapitre 46, quand Jake a dit qu'il préférait se rendre seul au bal de fin d'année, parce que avec une fille il se serait senti coincé, n'aurait pas pu aller se chercher un verre ou discuter avec ses copains ?
Eh bien, j'ai plutôt eu l'impression que, finalement, il n'avait pas grand-chose à dire à ses copains, et n'allait pas très souvent se resservir un verre.
Et tu sais quoi ?
Ça n'avait pas l'air de le déranger du tout.

59

L'idée de Pete – danser avec tout le monde en même temps – s'est révélée une super bonne idée. Nous avons passé une bonne partie de la soirée à nous éclater avec toute la classe. Tous ensemble, filles et garçons, nous avons évacué le stress de l'année scolaire qui se terminait. À un moment, dans le feu de l'action, j'ai eu tout à coup l'impression que le collège allait me manquer.
Ça m'a bien fait flipper.
Au moment du quart d'heure américain (quand c'est au tour des filles d'inviter les garçons), tout le monde se cherchait un partenaire et quand j'ai vu Eliza s'avancer vers moi, je me suis dit qu'il y avait pire que de danser avec la fille la plus canon du collège.
« Salut, Charlie. »
« Salut, Liz. »

Elle a secoué ses cheveux plusieurs fois. «Je voulais juste te dire que même si tu ne m'as finalement pas demandé d'être ta cavalière à ce bal, je ne suis pas fâchée contre toi. Malgré ça, je ne t'invite pas à danser, parce qu'on ne peut pas faire boire un cheval qui n'a pas faim.»
Je l'ai regardée et j'ai corrigé : «Qui n'a pas soif.»
Elle a plissé les yeux, a réfléchi quelques instants et a dit :
«Enfin, bref.» Et elle le pensait.

***

Une fois Eliza partie, Katie est arrivée.
«Qu'est-ce qui s'est passé ?»
«Oh, comme d'hab'! Elle me kiffe, c'est pas réciproque et résultat : je me retrouve planté là tout seul, comme un idiot.»
«Et il veut pas danser, l'idiot ?» a rétorqué Katie, avec son sens inné de la repartie.
Je lui ai jeté un regard reconnaissant : «Je croyais que tu me le demanderais jamais.»
C'était l'un de ces morceaux ni lents ni rapides, alors on s'est contentés de se regarder en ondulant d'avant en arrière.
«Alors, tu as passé une bonne année ?» a-t-elle demandé. Elle ne perdait pas de temps. Elle posait d'emblée les questions auxquelles un mec comme moi avait le plus grand mal à répondre.

« Pas mal. »

J'ai regardé Jake et Hannah danser. Ils étaient dans leur petit monde à eux, d'où les autres étaient exclus.

« Pas mal ? a répété Katie. Qu'est-ce que ça veut dire ? Tu as grandi ? Appris des trucs ? Ou tu es toujours le Charlie Jackson que je trouve le plus souvent adorable, mais parfois insupportable ? »

« Quoi ? » ai-je lancé d'un air distrait.

Alors, elle a remarqué que j'observais Jake et Hannah, et a roulé des yeux en soupirant.

« Tout ça, c'était ton idée, ne l'oublie pas », m'a-t-elle rappelé – comme si je pouvais l'oublier !

« Je sais. Et ça a super bien marché, ai-je répondu, amer. Je suis un génie. »

« Tu devrais être content pour eux, a-t-elle rétorqué d'un ton sage, genre *plus-tard-je-serai-thérapeute*. Même si tu es choqué, perdu, inquiet, essaie quand même d'être un petit peu heureux pour eux. Tu crois que c'est possible ? »

Je l'ai regardée et j'ai réfléchi une seconde à ce qu'elle venait de dire.

« Tu veux un verre de punch ? »

60

Quelques heures et quelques litres de sueur plus tard, Phil Manning et Celia Barbarossa sont arrivés seconds au vote des rois et reines du bal. J'étais vraiment content pour eux. Ils formaient un couple tout à fait normal, si ce n'est qu'ils sortaient ensemble depuis le CM1, étaient très unis, à tel point que tout le monde était sûr qu'ils se marieraient, vivraient heureux et auraient beaucoup d'enfants.

Et devine quel couple arrivait premier ?

Je te donne un indice : l'une est une déesse et l'autre a le niveau d'algèbre d'un lycéen.

Pour ces deux-là, j'étais moins content.

Au collège, les deux couples élus doivent faire un petit discours. C'est une tradition du bal de fin d'année.

T'ai-je déjà dit que je détestais officiellement les traditions ?

Phil et Celia ont fait un discours charmant, évoquant le côté sacré de leur amour (on sait pas trop ce que ça veut dire, mais bon…), prouvant ainsi sans l'ombre d'un doute qu'ils possédaient une maturité affective bien supérieure à nous tous.

Ensuite, ce fut le tour de Jake et Hannah. C'est Hannah qui a pris le micro la première, le caressant comme une

finaliste de *La Nouvelle Star* sur le point d'interpréter une version ultra sentimentale de *Walk this way* d'Aerosmith.
«Les contraires s'attirent, et on ne sait jamais à l'avance qui va plaire à qui. Jake et moi-même en sommes les exemples vivants, a-t-elle déclaré, en couvant du regard son intello devenu super beau gosse. Comme disaient les Beatles, "on donne autant d'amour qu'on en reçoit".»
Sans en avoir conscience, elle m'a rappelé que j'avais abandonné non pas une, mais deux choses : l'espoir d'être aimé d'elle et mon bien le plus précieux.
Elle a tendu le micro à Jake, puis s'est penchée vers lui (elle fait 10 cm de plus que lui) pour déposer un baiser sur sa joue.
Inconsciemment, Timmy et moi avons porté la main à notre joue.
«Je m'appelle Jake Katz, a dit Jake d'un ton qui donnait l'impression que son discours allait durer longtemps. Je n'ai jamais eu de copine. Je suis un très bon élève mais je ne suis pas vraiment populaire.»
Soudain, je me suis senti mal à l'aise. Jake était honnête. *Trop* honnête.

«J'essayais de me convaincre que j'étais parfaitement heureux. Je me racontais qu'un jour, je serais un grand écrivain, et qu'une fois riche et célèbre, j'aurais toutes les filles que je voudrais et que tout serait génial.»

Il a fait le geste de remonter ses lunettes sur son nez sans s'apercevoir qu'il ne les portait pas. « Mais je me mentais à moi-même parce qu'au fond, j'étais seul. »

Aïe. Il se laissait aller à ses émotions et ne réfléchissait plus.

« Alors, quand Charlie m'a conseillé de sortir avec Hannah, je n'ai pas compris », a-t-il ajouté.

Et d'une...

Tous les regards se sont tournés vers moi.

J'ai repéré les sorties de secours – on ne sait jamais.

Jake a continué : « C'est mon ami, mais je ne pouvais pas m'empêcher de penser qu'il s'agissait d'une mauvaise blague. Vous savez, comme dans le film *Carrie au bal du diable.* »

Ça, c'est intéressant ! Tu as déjà vu *Carrie au bal du diable* ? Ce super film d'épouvante où une fille un peu nouille dotée de superpouvoirs est harcelée par les élèves de sa classe, qui la poussent dans les bras d'un mec très populaire pour blaguer, et qui se venge ensuite en brûlant tout le monde au cours du *bal de fin d'année* ?

Soudain, tout le monde a commencé à chercher les sorties de secours.

Jake a regardé Hannah et, l'espace d'un merveilleux moment, j'ai cru qu'il n'aurait pas le courage de poursuivre.

Mais elle lui a souri et il a poursuivi : « Ensuite, quand Charlie nous a parlé de son grand exposé, et nous a expliqué qu'il voulait montrer qu'on pouvait échapper au phénomène des clans, j'étais super content de participer à une aussi noble expérience. Et en plus, j'étais curieux de savoir si la fille la plus populaire et le garçon le plus intello de la classe pouvaient être heureux ensemble.»

Ensuite, Jake s'est tourné vers moi et tout à coup, pour une raison étrange, j'ai su exactement ce qui allait se passer. Je savais aussi que je ne pourrais rien faire pour l'empêcher et qu'il ne fallait pas chercher à lutter. Pas de sortie de secours, pas de trou dans le sol pour disparaître. Rien.

«Mais ce n'est qu'en lisant les livres que Charlie m'avait demandé de lire pour son grand exposé, a ajouté Jake, scellant mon destin, que j'ai compris l'importance des clans dans notre société.»

À cet instant, un silence de mort est tombé sur la salle. Je n'entendais plus que le bruit de mon propre cœur, assourdissant.

«Il y a des clans dans toutes les écoles, et toutes sont impuissantes à les combattre, a déclaré Jake, de plus en plus passionné. Alors si j'ai pu contribuer un tant soit peu à lutter contre ce phénomène dans notre petit coin du globe, alors j'aurai accompli quelque chose de vraiment, vraiment cool.»

Puis Jake a pris la main de sa copine. Et même si, à cet instant, je savais que ma vie ne serait plus jamais la même, je n'ai pas pu m'empêcher d'être un peu ému.

«Alors on a commencé à sortir ensemble, a repris Jake, plus fort pour couvrir le brouhaha grandissant, et il y a trois jours, Hannah Spivero m'a embrassé devant le monde entier.»

Jake a levé les bras au ciel, comme pour le remercier.

«Hannah Spivero!»

***

Beaucoup ont manqué son second « Hannah Spivero ! » – qui était pourtant la plus pure des déclarations d'amour qu'on ait jamais entendues – car à cet instant, la salle a littéralement explosé. Tout autour de moi, les gens rigolaient en me montrant du doigt.

Très charitable, Pete Milano m'a donné un coup de coude : « T'es mort, mec ! » a-t-il dit.

J'avais l'impression de vivre une expérience extracorporelle, ce qui peut paraître super cool mais qui, dans le cas présent, ne l'était pas du tout. J'ai regardé autour de moi dans l'espoir de découvrir un visage amical, et j'ai capté un rapide regard de Katie et de Mme Ferrell. Leurs visages n'étaient pas amicaux, mais abattus. Je me suis senti très mal.

Tout à coup, M. Radonski s'est précipité vers moi.

Je me suis senti encore plus mal.

Pendant ce temps, Jake était toujours sur scène, perplexe. Bien sûr, il ne se rendait pas compte de ce qu'il venait de dire. Il ne se rendait pas compte qu'il venait de briser ma vie. Ce n'était pas sa faute. Il était amoureux. Il était pris dans la magie du moment.

Et moi j'étais pris tout court.

***

Quand Jake a sorti la phrase fatale : « Mais ce n'est qu'en lisant les livres que Charlie m'avait demandé de lire pour son grand exposé… », le seul à ne pas avoir été surpris était Timmy. Timmy, mon complice depuis des années. Timmy, le seul à savoir de quoi je suis capable – et celui qui m'avait effectivement aidé à élaborer ce plan, à l'époque où il n'était encore qu'un rêve dans ma tête –, m'a touché une dernière fois, juste au moment où M. Radonski m'attrapait le bras.

« T'aurais mieux fait de lire ces livres toi-même, mec », a-t-il dit.

***

L'avant-dernière chose que je me rappelle de cette soirée est d'avoir croisé le regard de Katie au moment où je quittais la salle. Elle m'a fait signe de la main, tristement, comme si nous n'allions plus nous revoir avant longtemps. Ce qui était la triste réalité.

Et la toute dernière chose que je me rappelle est que M. Radonski m'a fait sortir de la salle juste au moment où résonnaient les premières notes de *I Wanna Rock and Roll All Night*, de Kiss.

« Bon sang ! Moi qui adore ce morceau », a-t-il râlé en me poussant dans le couloir – comme s'il avait besoin d'une raison supplémentaire pour me détester.

SIXIÈME PARTIE
PRESQUE SAUVÉ !

61

J'ai été puni avant, et je serai puni après.
Cette fois-ci, ça durerait certainement six ans, mais comme nous le savons tous, ce qu'il y a de bien, avec les punitions, c'est qu'elles ne durent jamais aussi longtemps que prévu.
Ce que je veux dire, c'est qu'on peut être puni pendant des périodes de plus en plus longues – ou même pour la vie entière –, la durée moyenne de la punition, quand on y réfléchit, n'est que de 5 jours et demi à peu près, parce que, après ce laps de temps, tout le monde en a ras-le-bol de te voir errer dans la maison en pleurnichant sans cesse.
Or j'avais l'intention de pleurnicher un maximum.

***

J'attendais dans la salle de gym que mes parents viennent me chercher quand M. Radonski m'a montré son tatouage.
«Tu as vu ça ? a-t-il dit en remontant la manche droite de sa chemisette pour dévoiler un grand aigle chauve avec un cigare au bec. Je l'ai fait

faire à l'armée. Ça m'a pris six heures. Six heures de souffrance, de loin la plus douloureuse des souffrances que j'aie endurées dans ma vie.»

Il s'est penché vers moi, assez pour que je puisse dire ce qu'il avait mangé au dîner.

«Mais cette souffrance n'est rien en comparaison de l'enfer que je te ferai vivre l'année prochaine, quand tu seras dans ma classe.»

Moi aussi je vous aime, monsieur Radonski!

Je me demandais comment convaincre mes parents de déménager dans un autre État quand je les ai vus entrer dans la salle.

Mon père est le genre de mec qui ne perd jamais son sang-froid mais quand ça arrive... Parfois, il est tellement furieux que ça se voit avant même qu'il ait ouvert la bouche.

C'était le cas cette fois-ci.

Quand il s'est avancé vers moi, j'ai compris qu'il faisait des efforts pour se contenir. Ses yeux étaient très rapprochés et tout son corps penché vers l'avant, et j'ai remarqué que le sentiment qui dominait chez lui, avant la colère et la déception, était la honte.

«Bonsoir, a-t-il dit à M. Radonski en lui serrant la main, je suis James Jackson. Je voudrais vous remercier de vous être occupé de mon fils et m'excuser pour tous les désagréments qu'il vous a causés ce soir.»

«Je vous en prie», a répondu M. Radonski, en se gardant bien de préciser qu'il m'avait fichu une trouille bleue trente-huit secondes auparavant.

« Bonsoir, Bill », a dit ma mère, qui connaissait M. Radonski pour l'avoir croisé quelques fois au collège, ces dernières années.

Elle lui a adressé un sourire chaleureux, ce qui était un exploit car une larme brillait dans ses yeux.

« Ravi de vous revoir, Claire », a répondu M. Radonski en lui rendant son sourire, comme s'il était sur le point de lui annoncer que j'étais l'ado le plus sympa du monde.

Mon père s'est assis près de moi et m'a regardé pendant ce qui m'a paru une dizaine d'années. Puis il a secoué lentement la tête.

« Rentrons à la maison », a-t-il dit.

Et nous sommes rentrés.

62

Au début, je me suis senti super mal.
Ce soir-là, comme je m'y attendais, j'ai été puni pour une durée indéterminée. Ce qui ne me dérangeait pas, parce que je n'avais envie de voir personne en particulier.
On m'a confisqué mon portable, ce qui ne me dérangeait pas non plus, parce que je n'avais pas envie de parler ou d'envoyer un SMS à qui que ce soit.
On m'a aussi confisqué mon ordinateur, ce qui ne me dérangeait pas, parce que… enfin, tu vois, quoi.
J'ai passé tout le week-end enfermé dans ma chambre, à fixer les murs et à me repasser le film des événements en me demandant si j'étais aussi méchant que ça.
Je suis arrivé à la conclusion que je n'étais pas aussi méchant que ça, et je me suis senti mieux.
Mais je m'étais montré négligent, ça, c'était certain. Et fainéant aussi, probablement, même si, comme nous le savons tous, éviter de lire demande beaucoup d'efforts. Peut-être aussi suis-je légèrement manipulateur, mais méchant ? Sûrement pas. Méchant, c'est quelqu'un comme Teddy Spivero, par exemple.
Je l'avoue, j'ai fait des trucs idiots. J'ai mis Jake Katz en difficulté en lui faisant faire des choses qu'il n'aurait pas dû faire, et il risquait des ennuis, mais ce n'était pas cher

payé pour voir Hannah Spivero planter ses yeux dans les miens et me dire : «Je t'aime vraiment beaucoup, tu sais.»

Oui, c'est vrai, Jake a lu tous ces livres à ma place, mais j'ai appris ses notes par cœur et c'est moi qui ai entièrement rédigé mon exposé et qui ai eu l'idée du grand final avec toute cette mise en scène et ces effets d'annonce et tout. Allez, avoue que c'était plutôt original, non?

Comprends-moi bien, je ne suis pas fier de moi, mais je ne veux pas m'accabler. À quoi ça sert? Et puis, je ne suis pas le premier dans l'histoire de l'humanité à avoir essayé de s'en tirer à bon compte après un mauvais coup.

Soudain, j'ai eu envie de récupérer mon portable. Et mon ordinateur. Et mes jeux vidéo.

Mais je ne récupérerais rien du tout avant la prochaine rentrée.

L'année prochaine...

Le dimanche soir, je me sentais mal, mais d'une manière différente.

J'étais passé de la phase aïe-aïe-aïe-je-suis-super-méchant à la phase aïe-aïe-aïe-je-sens-que-l'été-sera-super-pourri.

63

Le lundi était le jour de la signature des albums-souvenirs de l'école pour tous les élèves du collège, moins un.

Devine qui ?

C'est le moment de vous présenter Mme Sleep, la principale du collège.

Je ne plaisante pas, c'est son vrai nom.

Si ça te fait rire, c'est que tu ne connais pas encore Mme Sleep.

Ce n'est pas qu'elle est méchante, ou mauvaise. Non, elle est juste très… disons… de la vieille école.

C'est tellement vrai que même les profs l'appellent Mme Sleep. Tellement vrai que son prénom, que personne n'emploie jamais, est Rosemary.

Elle est grande, sent légèrement la poussière et ressemble un peu à Eleonore Roosevelt, un jour où elle aurait raté son brushing.

Mais, surtout, elle est assise dans un immense fauteuil, super flippant, derrière un immense bureau, super flippant, dans une immense pièce, super flippante.

Ce jour-là, elle me regardait du haut de ce même fauteuil.

J'étais aussi préparé qu'on peut l'être. Je savais que Timmy et Katie étaient venus dans le bureau de la principale ce matin-là, et j'imagine qu'ils n'avaient fait que la mettre en appétit.

Le plat de résistance, c'était moi.

Et le plat de résistance était assis sur la chaise, de l'autre côté du bureau de Mme Sleep, prêt à être dévoré.

J'avais l'impression d'être coincé dans une de ces chaises de poupée avec laquelle ma sœur aimait bien jouer quand elle était encore dans sa période poupées.

Mme Ferrell était là aussi. C'est elle qui a parlé, pendant que Mme Sleep continuait de me regarder avec son air de vieille chouette pas contente.

Je savais à quel point j'avais déçu Mme Ferrell et je ne pouvais pas la regarder dans les yeux.

Elle s'est raclé la gorge. Pourquoi était-elle nerveuse ? C'était mon enterrement, pas le sien.

« Je voulais te dire, Charlie, que tes amis se sont montrés très loyaux envers toi, a commencé Mme Ferrell, et qu'ils ne nous ont livré les informations dont ils disposaient qu'à contrecœur, à Mme Sleep et à moi-même. »

C'était agréable à entendre. J'étais certain que dans un futur très, très lointain, j'apprécierais ce geste à sa juste valeur.

« Selon Timothy McGibney, toi et lui avez un arrangement depuis plusieurs années : tu lui achètes des friandises à la cafétéria, et en échange, il lit des livres à ta place et t'en fournit le résumé. »

Elle a attendu que je réponde. Comme je restais muet, elle a continué.

« Et, d'après ce que Katherine Friedman nous a confié, tu étais connu pour lire aussi peu que possible. En réalité, tu en étais presque fier, comme si tu avais reçu une médaille d'honneur… »

Aïe. Là, ça commençait à faire mal.

L'espace d'un instant, je n'arrivais pas à croire que mes amis aient pu me trahir.

Mais l'instant d'après, j'ai compris que je ne pouvais pas en vouloir à Timmy ou à Katie d'avoir craché le morceau.

Après tout, ils avaient été assis là où j'étais assis en ce moment même.

Et, à part le fait de lire les œuvres complètes de Mark Twain, je ne peux pas imaginer situation plus angoissante. Tout en consultant une espèce de rapport, Mme Sleep a demandé à Mme Ferrell : « Et Jacob Katz ? A-t-il confirmé ce qu'il a déclaré lors de la soirée, c'est-à-dire qu'il a lu à la place de M. Jackson les livres présentés dans le grand exposé en échange d'un rendez-vous avec Hannah Spivero ? »

Techniquement, c'était faux : Jake n'avait pas été OBLIGÉ de lire les livres pour sortir avec Hannah, même si c'est ce qui apparaissait APRÈS COUP. Mais c'était trop tard, le mal était fait.

Mme Sleep me regardait comme si j'étais un étrangleur de chatons. Ou pire.

Puis, soudain, Mme Ferrell a fait une chose étrange. Elle a marqué une pause, puis elle a dit : « Jacob Katz a retiré ce qu'il a dit, et il nie maintenant que Charlie Jackson lui ait jamais demandé de faire une chose pareille. Il prétend que c'était son idée, depuis le début. »

QUOI ?

À cet instant précis, j'ai décidé officiellement que Jake Katz – ce lecteur, ce joueur de baseball miraculeux, ce porteur de lentilles, cet amateur de gel capillaire – méritait à 100 % l'amour que lui portait Hannah Spivero.

***

Mme Sleep m'a regardé à travers ses lunettes. « Eh bien, monsieur Jackson ? M. Katz dit-il la vérité, ou cherche-t-il à vous protéger ? Éclairez-nous, je vous prie… »

J'ai pris la plus profonde respiration de ma vie.

Ensuite, j'ai fait une chose qui va contre ma vraie nature, contre chaque fibre de ma chair, contre chaque trait de ma personnalité, et contre tout ce qui a fait de moi l'être remarquable que je suis aujourd'hui.

J'ai dit la vérité.

BON PLAN DE CHARLIE N° 23

IL EST POSSIBLE DE NE PAS AIMER LIRE ET DE BIEN ÉCRIRE.

Ce n'est pas parce que je n'aime pas lire que je ne sais pas écrire.
En vérité, je suis plutôt bon auteur, en particulier quand il s'agit de trouver des comparaisons, des métaphores et des oxymores.
Voici un exemple de comparaison :
Apprendre que je devais lire ce livre était aussi décevant que la pluie un jour d'été.
Voici un exemple de métaphore :
Il m'a fallu à peu près une tonne d'efforts pour finir ce livre.

Et voici quelques oxymores :

1. bon livre
2. lecteur heureux
3. auteur important
4. belle bibliothèque
5. librairie préférée

64

Ai-je précisé que mes parents étaient présents dans le bureau de la principale, eux aussi ?

Ils n'étaient pas de très bonne humeur.

Mon père avait pris une journée de congé et il aurait dû être content mais bizarrement, ce n'était pas le cas.

Ma mère, elle, avait manqué son cours de yoga, ce qui « perturbait son équilibre » et la rendait grincheuse.

Enfin, ils étaient assis dans ces drôles de petites chaises pliantes en aluminium, qui semblaient dater de l'époque où Mme Sleep était elle-même élève dans ce collège.

Même si j'avais d'autres soucis, j'ai pris une minute pour graver dans ma mémoire la ridicule image de mes parents, assis sur ces chaises.

Après avoir avoué à tout le monde que Jake essayait juste de me couvrir et que c'était moi qui, en vérité, lui avais demandé de lire ces livres à ma place, et après avoir répété que tout était ma faute et avoir supplié la principale de ne pas punir Jake – ce à quoi elle a répondu : « On verra » –, après tout ça, ils m'ont demandé de sortir du bureau pendant qu'ils discutaient de ma punition.

C'était comme si j'avais été attaché sur la chaise électrique et qu'on m'avait soudain demandé de sortir, le temps de réparer une prise.

J'ai attendu dix minutes, tandis que plusieurs élèves venaient au secrétariat pour faire signer leur album-souvenir. Quand ils me voyaient, ils faisaient semblant d'être désolés pour moi, jusqu'à ce qu'ils commencent à ricaner.

Soudain, Mme Ferrell a passé la tête par la porte du bureau de Mme Sleep.

« Monsieur Jackson ? Vous pouvez entrer... »

Monsieur Jackson ? Je me suis levé avec un grand soupir et je l'ai suivie.

« Je crois que ça va te plaire, Charlie », a-t-elle ajouté en gloussant.

J'étais presque sûr qu'elle plaisantait.

***

Je me suis assis. Personne ne disait rien ; chacun attendait que Mme Sleep prenne la parole. C'était son rôle, sa raison de vivre.

« Charles Jackson, j'espère que vous avez conscience du mal que vous avez fait, non seulement à vos camarades de classe, mais également aux professeurs qui tentent de vous aider, et à vos parents, qui vous aiment tant... » a-t-elle commencé.

Je n'ai pas trop gobé cette histoire de camarades de classe – tout le monde semblait bien s'éclater à l'approche de l'été et paraissait soulagé de ne pas être à ma place – mais je n'étais pas fier d'avoir déçu Mme Ferrell, et plus

encore de coller la honte à mes parents (qui, pour l'instant, ignoraient encore – heureusement! – que Megan avait lu un livre pour moi, elle aussi).
Mme Sleep a fait le tour de son bureau et est venue s'asseoir sur le bord. C'est ce qu'elle faisait, d'habitude, avant de sortir la grosse artillerie. «Pour ce qui est des punitions, il y a plusieurs possibilités. Manifestement, l'exclusion n'en fait pas partie, puisque l'année scolaire est terminée…»
Bizarrement, ça ne me rassurait pas.
«Vos parents m'ont parlé de leurs multiples tentatives pour vous faire lire seul, qui se sont toutes soldées par un échec.»
Je n'ai pas contesté.
J'espérais qu'elle allait me demander de recopier *À l'avenir, je lirai moi-même les livres à étudier* un million de fois au tableau, comme Bart Simpson, mais en même temps je doutais que ce soit ce qu'elle avait en tête.
La principale m'a regardé de haut, comme il est d'usage dans sa position.
«En plus d'une punition bien méritée pour vos récentes infractions, il est évident que vous avez besoin de comprendre que la lecture est essentielle à votre croissance et à votre développement, en tant qu'élève et en tant qu'adolescent.»
Mme Sleep a remonté ses lunettes sur son nez et, aussitôt, ses yeux se sont transformés en deux immenses soucoupes.

« Par conséquent, et après concertation avec Mme Ferrell et avec vos parents, vous avons pris une décision que nous jugeons à la fois raisonnable et appropriée. »

J'ai adoré l'adjectif « raisonnable », mais pas l'adjectif « appropriée ».

Mme Sleep a fait signe à Mme Ferrell, qui a pris la parole. « Charlie, ça fait un an maintenant que tu es dans ma classe et je suis persuadée que tu as des capacités. Malgré tous tes efforts pour te priver de connaissances, tu as appris beaucoup de choses et tu te montres très créatif et très imaginatif. Peut-être même plus que nous ne l'aurions cru… Et nous aimerions t'aider à canaliser cette créativité de manière plus constructive. »

Pourquoi avais-je l'impression qu'il s'agissait du calme avant la tempête ?

« Alors nous allons te donner le choix. »

J'ai regardé mes parents, qui regardaient Mme Ferrell en hochant la tête.

Ils étaient d'accord.

« La première option, a poursuivi Mme Ferrell, est de lire dix livres pendant l'été, et de rédiger un résumé de cinq pages sur chacun d'eux. »

Je crois que j'ai vomi un peu dans ma bouche. J'ai réussi à articuler, incrédule : « Dix livres ? Et… l'autre choix, c'est quoi ? »

On aurait dit qu'ils mouraient tous d'envie de me répondre, mais Mme Sleep les a pris de court.

« La seconde option est d'écrire toi-même un livre. Un livre de 150 pages minimum, sur le sujet de ton choix. »
J'ai eu l'impression que le temps s'arrêtait tandis qu'ils attendaient que je proteste. Ce que j'ai fait, même si, à cet instant précis, je pouvais à peine parler.
« Vous plaisantez, n'est-ce pas ? »
Mme Sleep était plus que ravie de me répondre, ses yeux plus flippants que jamais derrière ses lunettes de mamie :
« Je peux vous assurer, Charles Jackson, que nous ne plaisantons pas du tout. En réalité, nous n'avons jamais été aussi sérieux. »
Mme Ferrell a enfoncé le clou : « À toi de choisir, Charlie : lire dix livres ou en écrire un. Quel que soit l'exercice que tu choisiras, il faudra l'avoir terminé avant la rentrée. »
Heureusement que j'étais assis. Sinon, je serais tombé à la renverse.

Lire dix livres ou en écrire un!

En gros, j'avais le choix entre le peloton d'exécution et l'échafaud.

N'empêche que je savais déjà ce que j'allais choisir.

J'étais né non-lecteur, et je mourrais non-lecteur.

«Je crois que je vais choisir l'écriture», ai-je murmuré, l'air totalement abattu.

Une vague de chagrin, de nausée et d'incrédulité m'a submergé. Sans exagérer, je peux affirmer que j'ai vu ma vie défiler devant mes yeux.

Merci, la vie.

Il ne me restait plus qu'un seul espoir. Je me suis tourné vers les deux personnes qui, jusque-là, m'avaient élevé, nourri, logé, protégé et aimé. Maintenant, le temps était venu pour eux de me sauver.

«Bonne nouvelle, a dit mon père : tu vas pouvoir récupérer ton ordinateur.»

SEPTIÈME PARTIE

C'EST LA DERNIÈRE, PROMIS.

65

Maintenant, tu sais pourquoi j'ai passé l'été entier à écrire un livre.

***

Désolé que ce livre ne soit pas tout à fait tel que je l'avais prévu. J'ai l'impression de t'avoir trompé.

J'étais censé écrire un guide de non-lecture – mais vu la tournure qu'ont pris les événements, je suis probablement la dernière personne à pouvoir donner des conseils dans ce domaine.

J'étais également censé rédiger des chapitres très courts. Mais en fin de compte, mes chapitres ne sont pas si courts que ça.

J'ai l'impression qu'au début, tout se passait bien. J'avais donné, genre, un milliard d'infos dès les premiers chapitres.

Puis les pages sont devenues de plus en plus longues. Les chapitres aussi, et les parties du livre. Maintenant que j'y pense, j'ai écrit exactement le genre de bouquin que j'ai évité toute ma vie.

C'est inexcusable.

BON PLAN DE CHARLIE N° 24

NE LIS JAMAIS UN LIVRE AVEC UNE MORALE À LA FIN.

Déjà, c'est dur de devoir lire un livre. Mais s'il y a une morale à la fin, c'est pire, parce que ça veut dire qu'on doit ensuite se comporter de manière honorable, ce qui, nous le savons tous, est totalement irréaliste.
Je n'ai pas besoin d'un livre pour me rappeler que je ne suis pas parfait.
Je le sais très bien.

66

Si ce livre était le genre d'ouvrage que les adultes veulent te faire lire, il renfermerait déjà une sorte de morale en soi.
Mais la seule morale à retenir est : « N'essaie jamais de faire faire par les autres les choses que tu dois faire toi-même » (surtout si tu finis par te faire prendre et qu'on t'inflige une horrible punition qui gâche tout ton été).
Et si ce livre ressemblait aux ouvrages qu'on donne à lire au collège, il se terminerait bien, comme ces livres dont on dit qu'on est très heureux de les avoir écrits parce qu'ils nous ont aidés à y voir plus clair et à découvrir non seulement les joies de la lecture, mais celles de l'écriture.
Mais, pour être tout à fait franc, ce livre n'est ni l'un ni l'autre.
Et je ne suis pas non plus le genre d'ado à rédiger ce style de prose.

Mais je dois tout de même reconnaître un ou deux trucs. Je reconnais que le fait d'écrire ce livre – même si ça a totalement ruiné mes vacances et peut-être même ma vie – n'a pas été la corvée épuisante, à la fois pour le corps et l'esprit, que j'ai d'abord crainte.

En fait, j'en suis venu à la conclusion qu'écrire était beaucoup moins ennuyeux que lire.
Après tout, comme j'avais le choix, j'ai choisi mon sujet favori : la non-lecture.
Et même si le livre traite de plein d'autres sujets, au moins il m'a permis de raconter ma version de l'histoire, afin que des gens comme mes parents ou Mme Ferrell puissent comprendre comment les choses se sont passées et ne pas être trop déçus par mon comportement.
Comme dirait mon amie de toujours, Katie Friedman, écrire ce livre a été une « thérapie ».
Et même si je n'ai pas fait exactement ce que j'avais l'intention de faire – et tu as tout à fait le droit de ne pas me croire –, je peux te jurer solennellement une dernière chose : à la rentrée, je chercherai un moyen pour lire aussi peu que possible.
En fait, j'ai déjà une ou deux idées sur la question.
Mais ne le dis à personne.

67

Maintenant que j'ai fini d'écrire ce livre, je peux passer le reste de l'été à me reposer.
Dommage que le collège recommence demain.

***

Je t'ai dit qu'Hannah m'a rendu la pochette de *Dead Babies*, l'album des Beatles ?
C'était super sympa de sa part.
Elle me l'a déposé pendant les vacances avec un petit mot : *Merci pour tout, je t'adore, Hannah.*
Même si le verbe « adorer » ne veut pas du tout dire la même chose que le verbe « aimer », ça m'a fait plaisir.

***

Je n'ai pas fait grand-chose cet été – j'avais quand même un livre à écrire –, alors j'ai hâte de revoir tous mes copains.
J'espère que c'est réciproque.
J'ai hâte de dire à Jake qu'il est bien plus courageux que je le serai jamais, même quand il porte ses lunettes, et à quel point je suis heureux pour lui et Hannah (franchement).

J'ai hâte de découvrir le nouveau look d'Eliza, car elle nous surprend à chaque rentrée.

J'ai hâte d'être à la rentrée pour retrouver notre rituel du premier jour, où tout le monde se raconte ce qu'il a fait pendant l'été, et où je pourrai dire «J'ai écrit un livre» en me sentant assez fier de moi, parce que c'est la chose la plus difficile que j'aie jamais faite de ma vie.

Et j'ai même hâte de revoir M. Sale Gosse en personne, Teddy Spivero, pour lui dire que, cet été, j'ai cessé d'être amoureux de sa sœur. Il me rira au nez, et je lui dirai que si, si, c'est vrai, avant de revoir Hannah et de retomber sans doute amoureux d'elle comme avant.

Mais je suis prêt. J'ai hâte, vraiment.

***

Il y a une chose dont je n'ai pas hâte : connaître le sujet de mon premier devoir à la maison et ma liste de livres à lire.

***

Mais aujourd'hui – et aujourd'hui seulement –, c'est encore l'été. Mes parents m'ont dit que comme j'avais fini d'écrire mon livre, je pouvais récupérer mon portable et faire ce que je voulais.

La première chose que je ferai est de sortir pour jouer avec Moose et Coco, mes chiens. C'est le moins que je puisse faire.

Parce qu'aux pires moments, cet été – quand j'étais puni pour la vie et que j'avais l'impression que tout le monde s'éclatait sauf moi –, le seul truc qui me permettait de tenir était de voir que ces deux chiens m'attendaient patiemment et avaient pitié de moi.

« Nous n'avons aucune idée de ce que tu fais, tu n'as jamais fait ce genre de chose auparavant, mais nous attendrons aussi longtemps qu'il faudra, disaient leurs yeux. Nous savons qu'un jour, tu te rendras compte que c'est l'été et qu'au lieu de rester assis devant ton écran, tu ferais mieux de venir jouer dehors avec nous. »

Et ils avaient tout à fait raison.

***

Après avoir joué avec les chiens, j'irai à la plage avec ma sœur et je me ferai bronzer un peu. Puis j'irai nager et manger une glace.
Ensuite, j'enverrai un texto à Katie pour lui demander de venir me rejoindre. Elle me répondra qu'elle arrive dans 15 minutes. Je lui répondrai que je suis désolé de ne pas avoir été très dispo cet été. Elle me répondra qu'elle est désolée de m'avoir balancé, mais que je savais comment c'était de se retrouver sur cette ridicule petite chaise en face de l'immense, de l'effrayante Mme Sleep.
Ensuite on s'enverra chacun un texto pour se dire qu'on n'arrive pas à croire que demain, c'est déjà la rentrée.

BON PLAN DE CHARLIE N° 25

QUAND TU AS FINI UN LIVRE, NE LE RELIS JAMAIS.

C'est déjà suffisamment pénible comme ça d'avoir été obligé de lire tout ce bouquin. Tu ne veux pas te rappeler cette douloureuse expérience. Voici certaines choses que tu peux faire avec un livre, une fois que tu l'as lu.

1. Le vendre dans un magasin de livres d'occasion.
2. Si personne ne l'achète, payer quelqu'un pour t'en débarrasser.
3. Le prêter à un copain. Éternellement.
4. En faire don à la bibliothèque de l'école.
5. En faire don à la bibliothèque municipale.
6. En faire don à la bibliothèque nationale.
7. Le faire tomber dans la baignoire (pleine).
8. Le perdre. Si quelqu'un le trouve, le perdre à nouveau.
9. Le mettre sur une étagère, à côté des jeux de société auxquels tu ne joues jamais.
10. L'entourer de jambon et le donner aux chiens.

Évite de le brûler. C'est vraiment limite. Sauf s'il te tombe des mains alors que tu es en train de lire devant la cheminée. Dans ce cas, c'est le destin, tu n'y peux rien.

REMERCIEMENTS

Je sais, je sais, encore de la lecture. Ne t'inquiète pas, je serai bref.

C'est grâce aux personnes citées ci-dessous que ce livre a pu voir le jour, et je les en remercie :

Michele Rubin et Nancy Mercado, les marraines de Charlie, sans qui il n'existerait pas.

L'incroyable équipe de Roaring Press/ Macmillan, sympathique, drôle, et extraordinaire.

JP, qui gère grave.

Lauren Tarshis, qui est passée par là, et m'a dit que c'était une bonne chose.

Nancy Conescu, Maja Thomas et Jeffrey Seller, qui m'ont ouvert des portes tout au long du chemin.

Mes collègues chez Spotco, le meilleur endroit du monde où travailler.

Barbara et Jonny, pour des raisons évidentes.

Kenny, Ellen, Jessica et Jake, mes premiers adaptateurs.

Ellen Kellerman, parce qu'elle est époustouflante.

Claire et Chiara, dont les étudiants se sont montrés à la fois adorables et très utiles.

Moose et Coco, pour m'avoir inspiré les personnages de Moose et Coco.

Charlie, Joe et Jack, qui n'adorent pas les livres, mais qui adorent la vie.

Tous les mauvais lecteurs, qui m'ont inspiré.

Et Cathy Utz, qui est le commencement et la fin de tout.

D'autres bons plans
de Charlie Jackson,
bientôt chez ton libraire !

Achevé d'imprimer en France par Darantiere
Dépôt légal : 3e trimestre 2013
N° d'impression : 13-0647